棟居快行

憲法解釈演習

人権・統治機構

信山社
SHINZANSHA

はしがき

本書は筆者がこの一〇年来、いわゆる答案練習会などで出題解説を行なってきたものの集成である。学者としては余技であり、またとりわけロースクールなどという話が出る前は賤業と見なされがちな営みであったが、高踏的抽象的な憲法学説を具体的な事例のレベルにまで引きずり降ろして「使ってみる」ことは、たえず研究者としての筆者のテーマでもあった。おおげさに言えば、学説を含む規範命題は具体的な事実への当てはめの局面においてしか、そもそも意味を有さない。言葉が文脈のなかでしか意味を持ち得ないのと異なるところはない。事例への適用を度外視した憲法学説は、少なくとも解釈学説ではない。

このような思いから、本書は通説を中心とするおなじみの学説だけを用いてやや難しい問題に立ち向かうというスタンスをとっている。参考文献が数点の「基本書」で占められているのはそのためである。個々の解説が迂遠であったりうまく収斂しない場合には、学説という道具よりもその使い手（筆者）が下手なのかもしれないが、失敗も含めて試行例を示すことが読者諸賢のチャレンジを誘い勇気づけると信じている。

長年憲法教育で生活の糧を得てきた者としては言いにくいが、法学については「教育」などはまやかしである。教室で抽象論を教わっても（丸暗記するか「理解」するかにかかわらず）、それだけでは「使える」ようにはならない。それればかりか、「使える」状態に近づいてすらいない。陳腐な例えをすれば、いくら車の設計図を眺めても、さらにはそれを自分で書けるようになったとしても、車の運転が出来るようになるわけではない。具体的な状況のなかで単純な理論や原理原則をどう操って切り抜けるかという、運転技能に相当する能力の修得が「法律学を学ぶ」ということの意味であり、基本的には自分で試行錯誤を繰り返して「体で憶える」しかないのである。

ロースクール時代になっても、このような法学修得の本質が変わることはない。教壇で親切な講義をする法学教員ではなく目の前の難問こそが真の教師であり、正解はあなた自身の汗と嘆息のなかにある。この命題は、出来合いの「運転マニュアル」が幸か不幸か少ない憲法学において特に強く成り立とう。リュックに数冊の「基本書」（＋判例集）と、あとは勇気があればあなたはどんな難問にも立ち向かえる。少なくとも一線の実務家は否応なくそうしている。すべてがあらかじめプログラムされ「既視感」にさいなまれる今日、自分の技能と勇気だけで未知の問題に取り組む憲法解釈は、なかなかヒューマンな営みなのではないかと思う。読者諸賢の憲法解釈への関心が本書によって深められるならば、筆者としてはこれに勝る喜びはない。

本書出版にあたり、信山社出版の渡辺左近氏、鳥本裕子氏に文字どおり「汗と嘆息」を強いることになってしまった。ご好意とご声援に厚く御礼申し上げる。

二〇〇四年六月　札幌にて

棟居快行

目　次

Ⅰ　人　権

文献略語一覧

文中および参考文献欄での省略は次の例によった。

芦部・憲法	芦部信喜（高橋和之補訂）『憲法』〔第三版〕（二〇〇二年、岩波書店）
芦部・憲法学ⅠⅡ	芦部信喜『憲法学Ⅰ・Ⅱ』（一九九二、四年、有斐閣）
浦部・憲法学教室	浦部法穂『全訂　憲法学教室』（二〇〇〇年、日本評論社）
奥平・憲法Ⅲ	奥平康弘『憲法Ⅲ』（一九九三年、有斐閣）
佐藤(幸)・憲法	佐藤幸治『憲法』〔第三版〕（一九九五年、青林書院）
佐藤(幸)・現代国家と司法権	佐藤幸治『現代国家と司法権』（一九八八年、有斐閣）
佐藤(幸)・憲法訴訟と司法権	佐藤幸治『憲法訴訟と司法権』（一九八四年、日本評論社）
戸波・憲法	戸波江二『憲法』〔新版〕（一九九八年、ぎょうせい）
中村・憲法三〇講	中村睦男『憲法三〇講』〔新版〕（一九九九年、青林書院）
中村・論点憲法教室	中村睦男『論点憲法教室』（一九九〇年、有斐閣）
野中ほか・憲法ⅠⅡ	野中俊彦＝中村睦男＝高橋和之＝高見勝利『憲法Ⅰ・Ⅱ』（一九九二年、有斐閣）
樋口・憲法	樋口陽一『憲法』〔改訂版〕（二〇〇一年、創文社）
樋口ほか・注釈日本国憲法	樋口陽一＝佐藤幸治＝中村睦男＝浦部法穂『注釈日本国憲法(上)(下)』（一九八四、八年、青林書院）
宮沢・憲法Ⅱ	宮沢俊義『憲法Ⅱ』〔新版〕（一九七一年、有斐閣）
棟居・憲法フィールドノート	棟居快行『憲法フィールドノート』〔第二版〕（一九九八年、日本評論社）

文献略語一覧

棟居・憲法講義案Ⅰ	棟居快行『憲法講義案Ⅰ』〔第二版〕（一九九五年、信山社）
棟居・憲法学の発想Ⅰ	棟居快行『憲法学の発想Ⅰ』（一九九八年、信山社）
百選ⅠⅡ	芦部信喜＝長谷部恭男＝高橋和之編『憲法判例百選Ⅰ・Ⅱ』〔第四版〕（二〇〇〇年、有斐閣）
宮沢還暦	日本国憲法体系・宮沢俊義先生還暦記念（一九六一―一九六五年、有斐閣）
法協百周年(2)	法学協会編『法学協会百周年記念論文集　第2巻』（一九八三年、有斐閣）
判時	判例時報（判例時報社）
判タ	判例タイムズ（判例タイムズ社）
リマークス	私法判例リマークス〔法律時報別冊〕（日本評論社）
ジュリ	ジュリスト（有斐閣）
法教	法学教室（有斐閣）
重判解	重要判例解説〔ジュリスト臨時増刊〕（有斐閣）
法時	法律時報（日本評論社）
法セミ	法学セミナー（日本評論社）
公法	公法研究（日本公法学会）

Ⅰ 人権

1 私人間効力

アパートの大家Yは、Xが外国人であるというだけの理由で、同人からの入居の申込みを断った。これに対してXは、Yによる契約の拒絶は憲法一四条に違反するとして、Yに対して不法行為に基づく慰謝料請求訴訟を提起した。この訴訟における憲法上の論点を述べよ。

■論点
1 人権の私人間効力
2 私人間効力と契約拒絶
3 国籍差別と一四条一項後段

I 問題の所在

平等原則の私人間効力の問題であるが、第一に、契約の拒絶に対して人権規定が適用されるとして、どのようにして私人間適用がなされるか、第二に、本件外国人差別が一四条一項後段に該当するとすれば、どのような厳格度で適用されるのか、という二点が問題となりうる。外国人の人権も副次的な論点であることは否定しないが、一四条が性質上外国人に適用されることは認められよう。

II　私人間効力と契約拒絶

三菱樹脂事件最高裁大法廷判決（昭和四八年一二月一二日民集二七巻一一号一五三六頁）は、企業の側の契約締結の自由を強調し、「企業者が特定の思想信条を有する者をそのゆえをもって雇い入れることを拒んでも」、当然に違法ではないとした。同事案自体は留保解約権の行使として雇い入れ後における解雇であるとされたが、一般論として、右の引用部分は、契約拒絶については拒否する私人の側に、きわめて大きな自由が保障されていることを述べているのである。

人権の私人間適用については、周知のように無効力説、直接適用説、間接適用説が対立する。「国家からの自由」のみを念頭に置けば、私人間では人権規定の適用は否定され無効力説が妥当することになるが、社会的権力が私的自治の名において個人の自由と尊厳に脅威を与える存在となったことや、労働者や消費者を保護する立法が増大し、私的自治に対する国家の後見的介入が当然視されるようになったことなどから、無効力説は見られなくなった。

とはいえ裁判所が、立法を待たずにいきなり憲法を私人間の契約や不法行為の事案にストレートに持ち込む直接適用説では、相手方当事者には不意打ちとなりかねず、さらには人権の私人間適用を通じた私的自治への過度の国家介入を招くとの懸念を生む。そこで私的自治に内在する制約原理である「公序良俗」（民法九〇条）の観念に取り込みうる範囲内で、人権規定を間接的に私人間の関係に及ぼすにとどめるというのが間接適用説である。

ところで間接適用説は、私的自治を重視することから出発するのであるから、もともと私的自治が問題となる法律行為のみを念頭に置いており、不法行為など事実行為によって人権価値が侵害された場合に答えるものではない。

そこで間接適用説を代表する芦部教授は、二つの提案を行なっている。

第一は、事実行為であっても特別法の「正当事由」や民法七〇九条で要件とされる「違法性」という一般概念に対し、憲法の人権保障を意味充塡するという方法である。この方法だと、事実行為の場合も法律行為の場合の民法九〇条の意味充塡とパラレルに捉えられるという利点がある。しかしながら、「公権としての基本権は直ちに民法七〇九条に言う『権利』ではなく、行為の違法性を証明することの困難な場合もあるので、不法行為法の領域において憲法価値を実現できるのは、限られたものにならざるを得ない」とされる（芦部・憲法学II三一四頁）。

それゆえ第二の提案として、事実行為の場合にはアメリカのステイトアクションの法理を用いるという見解が唱えられるのである（芦部・憲法学II三一四頁以下）。同法理によれば、国家権力が特権の付与などを通じて加害者側私人を援助していたなど、高度の係わりをもった場合、あるいは加害者側私人の機能が高度に公的である場合などには、私人間適用を肯定することになる。

本問契約拒絶では、法律行為の効力が問題となるのではなく、契約拒絶という契約以前の行為が不法行為となるかが問われている。そこで、間接適用説による場合には、民法七〇九条の意味充塡という手法をとるか、あるいはステイトアクションの法理によるかが問題となる。ただし、後者によったとしても、それでXはYに対して契約締結を強制しうるわけではない。救済方法としては、損害賠償くらいしか考えられない。また、ステイトアクションの法理でXが救済されるかといえば、Yは民間の一大家にすぎず、国家と同視されるような国家権力とのつながりは認められず、高度の公的機能も見あたらないことから、本問では同法理の出番はない。そこで、七〇九条に基づく損害賠償請求によって救済を求めるしかないことになる。

Ⅲ　国籍を理由とする契約拒絶と一四条一項後段

民法七〇九条の違法性をいうためには、本件差別が違憲違法であることをいう必要がある。それでは、外国人差別＝国籍差別は憲法上どのように評価されるか。一四条一項は後段に人種・信条・性別・社会的身分・門地を列挙するが、それらが特別の意味を有する限定列挙なのか（特別意味説）、それとも単なる例示なのか（例示説）が争われている。特別意味説は、後段列挙事由に該当する差別に対しては、違憲性の推定が働き、厳格な合理性の基準で司法審査がなされるべきであるなどと主張している。

特別意味説をとり、しかも国籍を「人種」や「社会的身分」に含めて解すれば、本問入居差別は、一四条一項後段に該当することになる。その場合、直接適用説であれば、私人間の契約拒絶にも違憲性の推定を及ぼし、本問不法行為訴訟でXを勝訴させることが出来るであろう。

これに対して、間接適用説をとれば、特別意味説の出番が来るまえに、そもそも契約拒絶が違法と評価されうるのかが問題となる。なぜなら、間接適用説は私的自治原則の尊重から出発するのであるが、私的自治原則をどのように修正しても（たとえば借地借家法や消費者保護立法などが私的自治原則の修正の例である）、契約の強制にまでは至らないからである。つまり、企業や大家には常に契約拒絶の自由が、私的自治原則・契約自由の原則ないし営業の自由の最低限の内容として残されており、そのことは、契約拒絶がどのような理由に基づくものであれ、不法行為法上も違法と評価されないことを意味するはずだからである。

このような考えに立つものであるかは定かではないが、思想信条に基づく本採用拒否（実質的には解雇）の合憲性が争われた三菱樹脂事件で最高裁大法廷判決（前出）は、間接適用説をとりながら、一般論として、企業の契約拒絶権を強調していた。同事件で問題となった「信条」が一四条一項後段列挙事由の一つであることを考えると、国籍、すなわち人種ないし社会的身分による就職差別も、最高裁判決の考え方に立てば合憲適法ということになりそうである。すると本問の入居差別もまた、大家の側の契約自由の当然の内容として、合憲適法とされることになろう。

以上の判例から予想される結論にXが反論するためには、そもそも一四条一項後段は、単に違憲性を推定するにとどまらず、私人間であれ当然に適用される差別禁止事項を列挙したものである、と主張するほかない。間接適用説も、一八条など一部の規定は当然に私人間でも適用されることを認めており、そのように解される条文として一四条一項後段を読むことが可能であれば、このような見解も成り立たないではないであろう。「政治的、経済的、又は社会的関係において、差別されない」という文言のうち、「経済的、社会的関係」は私人間での差別を意識したものであるとも解されよう。

さらに、特別意味説の前提として、後段列挙事由は社会的偏見に基づく差別であるがゆえに、違憲性が肯定もしくは推定されるのだという考え方が存する以上、対国家と対私人とを区別する必要に乏しいといいうる。むしろ後段列挙事由に関する差別の禁止は、相手を問わず妥当する憲法的公序ともいえよう。

　すると、本件契約拒絶が不法行為に当たるというXの主張は、一四条一項後段を憲法的公序として適用することにより、成立することになる。

　なお、憲法論とは別に、国際人権B規約（自由権規約）二六条、人種差別撤廃条約五条(f)などの人権条約を国内の私人間関係に「間接適用」し、契約拒絶に対して不法行為責任の成立を認めることも可能というべきである。この点を正面から認めた小樽温泉入浴拒否事件一審札幌地裁判決（平成一四年一一月一一日判時一八〇六号八四頁）が注目される。

▩参考文献▩

芦部・憲法学II三一四頁以下

棟居・憲法フィールドノート二〇頁以下

2 外国人の人権

在留資格を有し、日本に長く居住しつづけ事業を営む外国人Xは、憲法上生存権の保障を受けるか。また国政選挙ならびに地方選挙につき、参政権の保障を受けるか。これらを比較しつつ論じよ。

論点

1 外国人の人権
2 生存権の性質と在留外国人の生存権
3 参政権の性質と在留外国人の参政権

I 問題の所在

生存権および参政権は、いずれも人が生まれながらに有する人権（前国家的権利）としてではなく、国家の存在を前提として初めて成立する人権（後国家的権利）であるといえる。このような人権は、国家の構成員である国籍保持者以外の者には憲法上当然には認められず、参政権の場合には、むしろ立法によって在留外国人に選挙権を付与することが、かえって違憲とされるところである（後述）。しかるに近時、福祉立法のうえでは国籍要件が大幅に廃止・緩和されている。すなわち、社会保障関係法令については一九八一年に国籍要件が原則として廃止された。また生活保護法については「国民」を対象とする法文はそのままに、すでに一九五四年の厚生省社会局長通知により、一方的行政措置として定住外国人にも適用を認めてきている。また、地方レベルではあるものの、参政権を在留外国人にも認めるべきだとの議論が盛んである。生存権・参政権の人権としての性格論に立ち返ると、このような方向はどう評価されるか。本問は在留外国人の人権そのものよりもむしろ、生存権と参政権の人権としての性格の異同を主題としている。

Ⅱ　在留外国人の人権

在留外国人の人権享有主体性については、各人権規定の文言によるとする「文言説」もみられるものの、通説は、人権の性格に応じて性質上可能なかぎり在留外国人にも保障を及ぼすという「性質説」をとっている（参照、芦部・憲法八九頁、野中ほか・憲法Ⅰ二〇九頁以下〔中村睦男〕）。判例もマクリーン事件最高裁大法廷判決（昭和五三年一〇月四日民集三二巻七号一二二三頁）において、「基本的人権の保障は、権利の性質上日本国民を対象としていると解されるものを除き、その保障が及ぶ」と述べ、性質説を採用した。

性質説に従えば、問題となっている人権の性質を、人権ごとに個別に見てゆくべきこととなる。

III 生存権・参政権の性質

いわゆる人権の類型論によれば、人権は国家に対する個人の地位が「消極的地位」、「積極的地位」、「能動的地位」などに区別されることに対応して、自由権、社会権、参政権などに分類される。

生存権は積極的地位に対応するが、それは「個人が国家から、国家の力を要求し国家の諸々の制度を利用する法的能力を認められる（したがって積極的な請求権を与えられる）地位」である。この地位から、「個人的利益のために国家（裁判所、行政機関）の積極的給付（裁判、許認可など）を求める請求権（給付請求権）が生じる」。

これに対して、参政権は能動的地位に対応するが、それは「個人が国家のために活動する能力を認められる地位である」。この地位から「国家意思の形成に参加する権利（選挙権）と呼ばれるものが生じる」という（以上、芦部・憲法学II六七頁）。

以上の人権分類論によれば、生存権、参政権ともに、人が生まれながらに有する自然的自由としての自由権とは異なり、国家の存在を前提とする後国家的権利であることになる。すなわち、生存権は国家の作為を要求する積極的権利であり、また、参政権は国家の意思形成への参加を求める能動的権利であるから、いずれの権利においても、制度としての国家の存在を前提とする。この点で両者は共通することになる。

Ⅳ　在留外国人の生存権

在留外国人に二五条の生存権保障が及ぶか、については、否定説、肯定説、立法付与可能説に分かれる。学説の対立は、生存権の権利としての性質をどのように捉えるかに基づくといえる。

まず、否定説は、「人のもつ参政権が、彼の所属する国の政治に参加する権利」であるのと同じく、「もっぱら権利者の属する国家によって保障されるべき性質の権利である」から、当然にわが国によって保障されるべき権利ではない、と述べる（宮沢・憲法Ⅱ二四二頁）。同説は、生存権を参政権と同じく後国家的権利であるとしたうえで、その対象から外国人は除かれるとの結論を引き出すものである。

次に肯定説は、生存権に代表される社会権は、「人が社会の一員として労働し、生活を営む」ことに基づくものであるから、「少なくとも日本社会に居住し、国民と同一の法的・社会的負担を担っている定住外国人にも妥当するものであり、二五条の国民の生存権は、むしろ定住外国人を含む社会構成員の権利と構成されるべきだった」という（大沼・後掲四一〇頁以下、参照、芦部・憲法学Ⅱ一三七頁以下）。同説は、生存権を国家という法制度の構成員、すなわち国籍保持者のみに対して認められる権利であるとは見ずに、むしろ社会学的現実としての日本社会の構成員であれば、国籍の有無を問わず生存権保障を受けうるという。同説の「定住外国人」には、永住資格を有する在日韓国朝鮮人等のみならず五年以上の長期の在留外国人も含まれており、長期の在留により日本社会の構成員となっているか否かを、生存権の有無の基準にしようというのである。

最後に立法可能説（通説）は、生存権など社会権は、参政権とは異なり、外国人に対して原理的に排除されるわけではなく、立法による具体的実現は憲法の趣旨にかなうとする。「生存の基本にかかわるような領域で一定の要件を有する外国人に憲法の保障を及ぼす立法がそもそも社会権の性質に矛盾するわけではない」という（以上、芦部・憲法学Ⅱ一三六頁以下）。否定説も、立法政策で外国人に福祉受給権を認めることまで否定するものではなかったものと思われるが、そのような立法を外国人の生存権の具体的実現とは認めたがらない傾向があった。これに対して立法可能説は、当該立法を正面から生存権立法と見なすものである。なお判例は、福祉立法における国籍要件を立法裁量の範囲内であるとしており（第一次塩見訴訟最高裁判決平成元年三月二日判時一三六三号六八頁）、通説と同一の見解に立つものといえる。

Ⅴ 在留外国人の参政権

在留外国人の参政権については、否定説、肯定説、地方選挙権立法可能説（通説）が唱えられている。否定説は、国民主権の下では、政治的権利の主体が、その性質上、当該国家の「国民」に限定されるのは当然であるとする（宮沢・憲法Ⅱ二四一頁）。同説は国民主権原理を根拠とするのであるが、その際「国民」が国籍保持者という法制度上の概念と同一視されている。同説の背景には、参政権を法制度としての国家（国家法人）における国家の制度的な構成員（国籍保持者）の法的地位とみなす考え方があるといえる。

肯定説は、国民主権の「国民」は国籍保持者と同義ではなく、定住外国人も含まれるとする（浦部・憲法学教室七〇頁）。「当該社会を構成し当該国家権力に服属するふつうのひとが、国家意思の最高決定者であるという点にこそポイントがある」のだから、「参政権を外国人に与えることは国民主権の原則に反するということと結びつくわけではない」のだという（奥平・憲法Ⅲ五五頁以下）。同説は参政権の有無を、社会の構成員であるかという社会学的事実を基準として捉えている。

地方参政権立法可能説（「許容説」と呼ばれることがある）は、国レベルでは否定説に立ちながら、地方レベルでは立法により参政権を認めることも可能（憲法上望ましい）と説く（野中ほか・憲法Ｉ二一一頁以下［中村睦男］。芦部は被選挙権には否定的だが、選挙権については肯定的な立場をとる。芦部・憲法学Ⅱ一三六頁以下）。①憲法が一五条一項では「国民」、九三条では「住民」と使い分けている、②地方自治の本旨には下からの住民自治が含まれる、③九四条により条例は法律の範囲内でしか認められないから国民主権原理と背理することはない、などの理由による。同説は、国レベルでは否定説の法制度的な発想をとり、地方レベルでは肯定説の社会学的発想をとるものといえ、両者を使い分けるものといえる。

なお、外国人地方参政権事件最高裁判決（平成七年二月二八日民集四九巻二号六三九頁）は同説を採用し、選挙人名簿への登録を求める在日韓国人の訴えを退けた。

Ⅵ　検　　討

在留外国人の生存権、参政権のいずれについても、否定説は、生存権および参政権の後国家性を根拠とする。すなわち、生存権は国家の作為を要求する積極的権利であり、また、参政権は国家の意思形成への参加を求める能動的権利であるから、いずれの権利においても、制度としての国家の存在を前提とするというのである。

これに対して肯定説は、両人権の根拠を社会構成員の基本権という点に求める。生存権は社会の構成員であることによって当然に生じる人権であり、また参政権も実質的に「国民」ないし「住民」といえれば認められるべきだという。

すなわち、生存権も参政権も国家制度を前提として、その制度的構成員＝国籍保持者にかぎり認められると捉えるか、それとも社会学的意味で実質的に社会の構成員＝在留者を含む日本国内居住者には等しく及ぶと考えるかで、否定説と肯定説とに分かれるといえる。

以上のかぎりでは、生存権と参政権とで理論状況は異ならないように見える。しかしながら、通説は両者で微妙な差異を設けている。すなわち、いずれの人権も在留外国人には当然に認められるものではないが、立法による付与の可能性については、生存権では可能、国の参政権では不可能、地方参政権では可能であるという。

通説は、否定説と同様の制度的発想から出発しながら、生存権および地方参政権では肯定説の社会学的発想をとりいれ、憲法上当然には認められないが、立法によって認めることは妨げられないというのである。ただし、国の参政権だけは、「国民主権」ということから、国籍保持者に限定され、社会学的意味での社会の構成員であっても国籍非保持者には立法による付与も許されないとしている。地方参政権は「住民自治」に基づくものであり、憲法九三条二項の「住民」は社会学的概念であるという立場をとるのである。

なるほど、生存権は社会の構成員ゆえに与えられるべきものであるから、国籍は構成員たるかの一つの基準にすぎないと解するべきであろう。

これに対して、国の参政権は後国家的という制度的性格が強く、また主権国家の国際法上の自国民保護義務の存否などを明確にするうえで「国民」は国籍によって形式的に決まるべきだと考えると、国レベルでは在留外国人の参政権は立法によって認めることも出来ないことになる。

地方参政権については、学説は明示的に論じてはいないが、地方自治の捉え方をどう解するかが重要であるように思われる。通説である制度的保障説によれば、地方自治制度の核心部分が何かが問題となる。長期の在留外国人を含む「住民」こそが住民自治の担い手であり、そのことが地方自治制度の核心部分をなすとすれば、地方選挙権に国籍要件を課す公職選挙法、地方自治法は九二条違反であることになる。しかし、国民主権のもとでの地方自治制度の核心部分には、国籍の有無を問わずに居住者一般としての住民による自治が含まれるとまでは、やはりいえないであろう。とすれば、外国人の参政権（選挙権）については、通説と同じ結論が得られることになる。

以上から、通説（芦部説）が妥当ということになる。

▩ 参考文献 ▩

芦部・憲法八九頁以下
同・憲法学Ⅱ六七頁、一三六頁
浦部・憲法学教室五九頁、七〇頁
大沼保昭「『外国人の人権論』再構成の試み」法協百周年(2)四一〇頁以下
奥平・憲法Ⅲ五五頁以下
野中ほか・憲法Ⅰ二〇九頁以下、二一一頁以下　［中村睦男］

宮沢・憲法II二四一頁、二四二頁
棟居・憲法フィールドノート一七三頁以下、一八七頁以下

3 公務員の人権

国家公務員法（以下、国公法と略称）は、公務員の政治活動の自由および労働基本権を制限しており（国公法一〇二条一項、同九八条二項）、判例はいずれに対しても「国民全体の共同利益」を理由として合憲判決を下している。公務員の人権を制約するうえで妥当な根拠が具体的に備っているといえるかという観点から、これら両規定の合憲性を比較しつつ論じよ。

（参照）

国公法一〇二条一項

「職員は、……人事院規則で定める政治的行為をしてはならない。」

同九八条二項

「職員は、……争議行為をなし、又は……怠業的行為をしてはならない。」

■論点

1　猿払事件最高裁大法廷判決の法理

2　全農林警職法事件最高裁大法廷判決の法理
3　両者の異同

I　問題の所在

公務員など国家と特別の関係に立つ者に対して、人権保障や法治主義、さらには司法的救済を否定するいわゆる特別権力関係論は、かつては通説であったがもはや支持しえず、公務員が人権享有主体であることについては今日異論はない。しかし、国家公務員法は表現の自由に含まれるはずの政治活動の自由、および労働基本権に含まれるはずの争議権を制約しており、最高裁はいずれも合憲とするところである。その際、猿払事件、全農林警職法事件の最高裁大法廷判決で示された論理は、いわゆる「全体の奉仕者」論による単純な合憲論よりは精緻なものであった。それぞれの合憲論の理由付けはどのようなものであり、首肯しうるものといえるであろうか。最高裁判例を手がかりとして、公務員の政治活動の自由および争議権を制約する法理を検討することが以下の課題である。

II　政治活動の自由の制約

(1)　概　観

政治的意見表明の自由など、政治活動の自由は民主主義にとり不可欠であることは論を俟たず、優越的地位を有するとされる表現の自由の主要な内容をなすといえる。実際にはデモ行進や集会、ビラ貼りなど政治的意見表明の定番的な方法は、それぞれ公安条例や道路交通法、屋外広告物条例などの規制の対象とされている。しかしながら、これらはあくまで地域の平穏や交通秩序の維持、街の美観維持などの観点から特定の表現手段を規制するものにすぎず、表現内容そのものを規制の対象とするものではない。

にもかかわらず、公務員の政治活動の自由にかぎっては、主体が公務員であるというだけの理由で、それ以上に具体的な公務の種類いかんを問わず、勤務時間外も含めて、一定の行為類型が国公法一〇二条および人事院規則により禁止されている。これは政治活動であるという、表現内容を理由とする制約に他ならない。はたして表現内容の自由を制約するに足るだけの理由が、公務員の政治活動の自由にあるといえるであろうか。

(2)　猿払事件最高裁大法廷判決の検討

リーディングケースといえる猿払事件最高裁大法廷判決（昭和四九年一一月六日刑集二八巻九号三九三頁）は、国公法の制約目的を公務員の政治的中立性を維持し、国民全体の共同利益を実現することにあるとしている。具体的には、公務員が政治的中立を保つことによって、①国民の信頼を確保する、②政治的介入を防ぐことができる、③内部の政治的対立を防ぎ行政効率を維持することができる、などとしている。

すなわち同判決は、「政治的中立性」の概念を中心に据えるのであるが、公務員の職務内容は法治主義の下では法に規律され、職員個人の政治的偏向が反映されてはならないのはいうまでもない。問題は、なぜ公務員が職務内容に限らず勤務時間外の庁舎外での表現行為の内容にまで、広く政治的中立性を要求されるのかなのであるが、判旨が挙げる理由は国民の信頼を確保することで行政効率を維持することが可能になる、というにつきる。要するに、公務員の政治活動の自由という表現内容の自由が、行政効率という利益のために制約されているのである。

すでに述べたように、政治活動の自由は表現の自由に含まれるのであるから、その合憲的な制約は内在的制約といいうる場合に限られる。すなわち自由な政治活動が、(イ)他人の正当な人権行使を妨げる、(ロ)他人の個人の尊厳を損なう、(ハ)他人の生命健康を害する、のいずれかの場合にのみ当該自由を制約することが許されるのである。そこで、「政治的中立性」がひっきょう行政効率を確保するための手段なのであれば、行政効率確保のための制約が内在的制約といいうるかが問題となるが、それを肯定するのは不可能である。すなわち、政治的中立性ないし行政効率を制約目的とする政治活動の制約は違憲というべきである。

このような問題を多少気にしたのかはともかく、猿払事件最高裁判決が実際に依拠したのは、意見表明そのものを狙いとする制約ではなく政治活動の一定の行為類型のみを制約することで意見表明の自由に間接的付随的制約が及ぶにすぎないという、いわゆる「間接的付随的制約論」であった。なるほど国公法一〇二条一項の委任を受けて制定されている人事院規則一四―七では、ポスター貼りやデモ行進など、特定の列挙された行為類型が禁止されているのであって、その他の行為類型を用いて同じ意見を表明することは、一般論としては不可能ではない。

この「間接的付随的制約論」に類似するものとして、一般国民の表現の自由の制約立法に対して通説

(芦部・憲法一七七頁以下)が採用する、「表現内容規制・内容中立規制二分論」が想起される。同説は表現の特定の手段方法に向けられた規制の場合には、表現内容そのものに向けられた規制の場合よりも、手段審査基準を緩和してよいという。

しかしながら、「表現内容規制・内容中立規制二分論」と「間接的付随的制約論」との間には、次のような重大な相違点がある。

第一に、「表現内容規制・内容中立規制二分論」の場合には、目的審査の段階では制約目的が内在的制約でなければならないという要件は維持されているのであるが、判例の説く「間接的付随的制約論」ではその要件がはずされている。間接的付随的制約であれ表現の自由に制約を及ぼす以上、内在的制約という制約目的だけが許されるはずである。つまり、猿払事件最高裁判決は同論をとることによっても、行政効率といった内在的制約にあらざる制約目的をもって合憲的な制約目的となしうることにはならないのである。

第二に、「表現内容規制・内容中立規制二分論」では、あくまで表現手段自体がもたらす害悪に着目し、それが規制されているのである。これに対して「間接的付随的制約論」では、規制対象はあくまでも政治的表現という表現内容に他ならない。この点で「間接的付随的制約論」は、第一次家永教科書検定訴訟最高裁判決(平成五年三月一六日民集四七巻五号三四八三頁)が教科書の表現内容についての検定を、不合格教科書が一般図書として発行可能であることをも理由として合憲としたことと共通する(第三次家永教科書検定訴訟最高裁判決平成九年八月二九日民集五一巻七号二九二一頁も同旨を述べる)。公務員の政治活動における表現内容そのものが、いかなる害悪を発生させるのかについては、猿払事件最高裁判決は先に述べたように国民の信頼や行政効率が害されることを挙げるのみであるが、これらの理由が内在的制約には該当しないこともすでに述べた。

以上から、猿払事件最高裁判決は、表現内容にかかる公務員の政治活動の自由を、結局のところ行政効率という理由のみで制約するもので妥当でない。同判決には特別権力関係論ないし、それを憲法上の表現を借用して敷衍する「全体の奉仕者論」が強く作用しているといえる。

III 争議権の制約

(1) 概　観

国公法九八条二項は、公務員が「政府が代表する使用者としての公衆に対して同盟罷業、怠業その他の争議行為」を行なうことを禁じている。民間労働者が、「団体交渉その他の行為」について正当な労働基本権の行使であれば刑事および民事責任を免かれる（労働組合法一条二項、八条）とされていることと比べると、公務員の労働基本権は大きく制約されている。

全逓東京中郵事件最高裁大法廷判決（昭和四一年一〇月二六日刑集二〇巻八号九〇一頁）が認めるように、公務員も「勤労者」であり憲法二八条の「団体交渉その他の団体行動をする権利」の保障を原則として受けるのであれば、なにゆえにその争議権を職種や目的にかかわらず、一律に禁止しうるというのであろうか。

(2) 全農林警職法事件最高裁大法廷判決の検討

公務員の労働基本権に関するリーディングケースとしては、全農林警職法事件最高裁大法廷判決（昭和四八年四月二五日刑集二七巻四号五四七頁）ならびに全逓名古屋中郵事件最高裁大法廷判決（昭和五二年五月四日刑集三一巻三号一八二頁）が挙げられる。そして全農林警職法事件判決は、全逓東京中郵事件最高裁大法廷判決が打ち出し、都教組事件最高裁大法廷判決（昭和四四年四月二日刑集二三巻五号三〇五頁）に継承された流れを断ち切るものであった。

その流れとは、①「全体の奉仕者論」によって公務員の労働基本権を一律に否定することは許されない、②公務員の労働基本権の制約は、職務の内容に応じた、国民生活全体の利益の保障という見地からの内在的制約にかぎり許される、③公務員の労働基本権の制約は、労働基本権の利益と国民生活全体の利益を比較衡量して、必要最小限度のものでなければならない、というものであった。

全農林警職法事件判決は、右の①②③を逐一否定した。同判決は①に対しては、「国民全体の共同利益」という概念で「全体の奉仕者」に代えようとしているかに見える。また②については、公務員の職務を一律に公共性が強いものとし、公務の停滞が国民全体の共同利益に重大な影響を及ぼすおそれがあることを制約の理由とする。③については、比較衡量論と必要最小限度の基準は排除され、合憲限定解釈を加えない文面どおりの国公法上の制約が「必要やむをえない限度の制約」で合憲であるとされる。

また、全農林警職法事件判決が自身を補強するために新たに創出した理屈は次のようなものであった。(イ)公務員の争議行為は、議会制民主主義、勤務条件法定主義、財政民主主義（この点は、後に全逓名古屋中郵事件最高裁判決で初めて明確に提示された）という憲法上の原則に反する。(ロ)ロックアウトや市場抑止力による制約が働かない。(ハ)人事院勧告という代償措置の存在によって、公務員の生存権は維持されうる(他に罪刑法定主義の観点から、都教組事件最高裁判決の「二重のしぼり論」を批判するが、本問とは直接の関係がないので省略する)。

以上の全農林警職法事件判決の論旨の問題点を、私見を含め以下に指摘する。

第一に、労働基本権には自由権的側面が指摘されるから、「内在的制約」という観念自体は認めることが可能であるとしても、「国民全体の共同利益」がはたして内在的制約の理由となりうるのか。個々の労働者の労働基本権の行使を、全体の利益すなわち社会の多数者の利益だけを理由として制約するのは内在的制約とはいいがたい。もっとも現代社会国家の下では、社会的弱者の生存が行政による生活保護その他の福祉サービスの提供に依存していることを考慮すれば、社会的弱者の保護に必要不可欠な行政事務にかかる争議行為の制約もまた、内在的制約に含めることが可能であるかもしれない。このように解するとしても、「共同利益」というものは、「やむにやまれぬ」国民の共通の利益に限定してのみ内在的制約に該当するといえよう。

第二に、議会制民主主義、勤務条件法定主義、財政民主主義の指摘は、国会だけが予算や法律を制定しうる権限を有するという、制度上の当然の事柄を述べるにすぎない。公務員が争議行為をしたからといって、国会の右の権限に介入する制度上の権限を公務員が入手するわけではないのである。右の理屈では、国会の法案や予算の審議ぶりを批判するデモ行進は議会制民主主義や財政民主主義を理由に規制されうることにもなりかねない。

第三に、国会による公務員の勤務条件の決定に現実に影響を及ぼしうるのは世論であるが、それはすなわち争議行為を行なう公務員の側にとっても世論が抑止力として働くことを意味する。世論の支持なくして国会による勤務条件の改善を期待することはできないからである。すなわち、公務員の争議行為に際しては、市場抑止力の代わりとして、国民の批判による抑制が働くといえる。

第四に、代償措置論はその前提として、労働基本権は生存権保障を実現するための一手段であるにすぎないとの認識を有している（この点は全逓東京中郵事件最高裁判決でも示唆されていた）。しかしながら、労働基本権は、労働者が職場において経営者と対等の立場で雇用条件の改善を迫ることを可能とする人権であって、労働者の尊厳の実現にとって不可欠な人権なのである。労働基本権が勤労権（二七条）と並んで規定されていることのうちにも、このような趣旨をうかがうことができよう。すなわち、労働基本権の保障は、生存さえ実現できれば手段を問わないという考え方とは相容れない要素を有しているのである。公務員の場合にも、国民を真の使用者としつつも、直接には予算作成・提出権（七三条五号）や法律案提出権（実務・通説）を有する政府を相手として争議行為を含む主体的な条件改善の働きかけを行なうことが、労働基本権の右の趣旨に合致するものと思われる。

Ⅳ　検　討

以上に公務員の政治活動の自由、ならびに争議権の制約をめぐる判例法理を見た。両者に共通する点としては、次の二点を指摘することができよう。

第一に、判例はいずれにおいても、「国民全体の共同利益」や「職務の公共性」を公務員の人権の制約理由とする。これらの理由付けは、ともに人権制約の法理をクリアーしていない。すなわち当該利益は、政治活動の自由すなわち表現の自由の内在的制約とはいいがたいものである。また、判例は公務員の争議権など労働基本権にも内在的制約を語るのであるが、さきの理由付けは労働基本権の自由権的側面の内在的制約とはいえないものと思われる。

第二に、猿払事件最高裁判決では「間接的付随的制約論」が、全農林警職法事件最高裁判決では「代償措置論」がそれぞれ決定的に重要な役割を果たしている。両者はいずれも、公務員の人権それ自体の自由で自己決定的な行使が、公務員の人格の尊厳にとり不可欠であるとの認識を欠いた立論といいうる。すなわちいずれも、公務員の当該人権行使をもって表現内容の思想の自由市場への到達や公務員の生存権確保といった目的を実現するための一手段にすぎないと捉えているのである。この点で右の二つの議論の間には、機能的近似性が見て取れるように思われる。

これに対して、両者の相違としては、猿払事件最高裁判決が国民の信頼や行政効率をストレートに強調しており、「全体の奉仕者論」にきわめて近いのに対して、全農林警職法事件最高裁判決が議会制民主主義や代償措置といった制度上の理由から制約を正当化しようとしていたというトーンの差異が指摘されえよう。

この差が実在するとすれば、それはどこから来るのか。おそらくは、政治的に中立な行政執行という公務員の職務上の要請から、公務員の特定の政治活動の自由が否定されるのは当然であるのに対して、労働基本権の否定は生存権の否定にまでは及び得ないと考えられたためであろう。すなわち、全農林警職法事件最高裁判決は、労働基本権の自由権としての側面は公務員に対しては否定したのであるが、その社会権・生存権としての側面まで否定したわけではない。同判決は、ただその自力救済を否定し、その実現を排他的に人事院勧告に委ねたにとどまるのである。

すでに見たように、判例の論旨には批判の余地が多々あるが、公務員の「政治的中立性」の要請を、実定法規に絶対的に拘束される法治行政の原則から派生する原則と捉えれば、政治活動の自由と争議権の制約を以下のように対比することは可能である。すなわち、公務員の政治活動のうちデモ行進やポスター貼りなどは、直接に政治的中立性を疑わしめるものであるから制約が合憲的になしうる。これに対して、争議行為は、それが専ら公務員の勤務条件の向上を求めるものである場合には、「政治的中立性」に本来的に反するものではないが、勤務条件が国会が成立させる法律や予算にかかっているために、国会への政治的意思表示とみなされ、政治的中立性が結果的に損なわれる危険性がある。そこで代償措置が用意されており、またそれで生存権としての労働基本権は実現されるのであるから、争議権を否定することも許されることとなる。二つの最高裁判決を一貫したものとして説明するとすれば、このような見方も可能であろう。

▩参考文献▩

芦部・憲法一七七頁以下、二五三頁以下、二五六頁
野中ほか・憲法Ⅰ二二二頁以下〔中村睦男〕

4 自己決定権 ①

Xは、手術をすれば当面は生きながらえる中期のガンを宣告された。かねてより輸血の医学的な安全性に疑問を有していたXは、国立病院の担当医師に対して無輸血手術を申し入れ、医師がそれを了承したため手術を受けた。その結果、Xのガンはさしあたり治癒した。ところが、手術中に同医師がこっそり輸血をしたことが後に知れたため、Xは、国を相手取り、右医師の行為により患者の自己決定権が侵害されたなどとして慰謝料請求訴訟を提起した。国側はこれに対して、右輸血はXのガンが予想以上に進行していたため、医学的理由からやむをえず行なったものであり、医療においては医師の医学的見地が最優先にされるべきであるから、債務不履行や不法行為には当たらないと主張した。両者の主張を憲法論の観点から検討せよ。

■ 論点

1 自己決定権の意義と限界
2 患者の治療拒否権の意義と限界

Ⅰ　問題の所在

患者の自己決定権はどのような意義を有し、どの範囲で保障されるか。他人を害しない以上、本人には客観的にみて不利益な自己決定であっても、成人による自己決定であればそれに干渉することはできないのか。それとも、少なくとも生命健康に係わる場合には、後見的（パターナリスティック）な介入が許されるのか。

患者の自己決定権の行使に基づく治療の全面的拒否や、特定の治療の拒否が、医師の医学的判断からは患者にとって最善の医療行為といえない場合であっても、患者は憲法一三条から導かれる自己決定権に基づいて、医師が「最善の」治療を行なうことを拒めるか。

Ⅱ　自己決定権の意義と限界

(1)　自己決定権の意義

自己決定権とは、「自分のことを自分で決めることの保障」とでもいうべきものである。憲法が自律的個人を前提としている以上、一三条の個人の尊厳や幸福追求権には、人が「自分のこと」を、他人とりわけ国家権力の干渉を受けることなく自分で決定することの保障、すなわち自己決定権が当然に含まれている。当該権利は、「自分のこと」が具体的に何であるかによって様々な内容を含意しうるが、いずれにせよ、他人の人権行使や個人の尊厳や生命健康に対して害悪を及ぼすなど、人権の内在的制約の対象となるような他者との係わりを有する行為は自己決定権の対象とはならない。自己決定権とは、もっぱら自己の身体や利益のみに係わる純然たる私事についての選択の自由のことである。

そこには行為の態様によって多岐なものが含まれるが、典型的なものとしては、冬山登山などの「危険行為の自由」、同性愛などの「ライフスタイルの自由」、産む・産まないといった「生の自己決定」、安楽死、尊厳死といった「死の自己決定」などが挙げられる。

このような雑多で相互に無関係なように見える諸自由が自己決定権という一つの概念に包摂されるのは、それ自体としては日常生活の取るに足らない行為の自由を含む自己決定権が、自己の身体の自由な管理処分権という意味での「身体の自由」として統一的に説明可能である、という理由による。と同時に、特に右の諸の行為が自己決定権の代表例として挙げられるのは、他人の干渉を招きやすく、その故に他者に害悪を与えないにも係わらずこれまで規制の対象とされやすかったという事情による。

(2)　自己決定権の限界

自己決定権の行使については、他人からの干渉や法的規制は一切許されないというべきである。たとえ当該干渉や規制が、本人の利益を保護するためのものであるといえるような場合（パターナリスティックな介入）であっても、またしかりである。なぜなら、憲法が予定する個人像は、自由で自己決定的な個人であり、個人は自分の責任で自分の人生を自由に設計し、その結果得られた成果（マイナスのものを含む）を自らの決定の結果として引き受ける個人だからである。客観的には不利益なことであっても、当人が十分に情報公開を受けたうえで自らの価値観に基づいて選択するのであれば、その選択が最終的なものであるべきなのである。

その意味で、自己決定権には――それが純然たる私事に関するものであるかぎり――限界はない。法律による後見的規制を容認する見解もあるが（佐藤(幸)・憲法四〇五頁以下は、「人格的自律そのものを回復不可能な程永続的に害する場合には例外的に介入する可能性を否定し切れない」として「限定されたパターナリスティックな介入」を容認する）、例外的にであれこのような見解をとれば、憲法が保障する自由が個人の権利ではなく国家によって強制される義務に転化することに注意する必要がある。

Ⅲ　患者の自己決定権

患者の自己決定権は、患者の治療拒否権を背後から支える基底的権利として主張されている。個人の尊厳という憲法上の観点からは、患者の自己決定権、治療拒否権が帰結されると考えられる。患者の治療拒否に対する自己決定権を認めると、放置すれば死に至る病の場合には、自殺そのものの自己決定権を認めることにつながるという懸念がありうるが、治療拒否の結果としての死は病気がもたらすのであって、患者は治療拒否によって残りの生をどう生きるかという「生の自己決定」を行なうのである（後述、エホバの証人輸血拒否事件東京高裁判決）。

本問の輸血拒否は、自己決定権についての前述の分類のうち、「危険行為の自由」というカテゴリーの自己決定権に属するものと思われる。すなわち、本問の輸血拒否は、尊厳死などと同様の「死の自己決定」というカテゴリーに属することも考えられるが、本件治療拒否は「いかに死ぬか」という死のありかたの選択というよりも、いかに生きるかという生のありかたの選択であるから、この点を重視すればむしろ「危険行為の自由」に分類することが適切であろう。自殺は「個人の尊厳」の基底にある「人間の尊厳」（前者は自己決定を許すが、後者は自己決定を超えた客観的価値である）の理念に反するなどの理由により、端的に自殺そのものを自己決定権のうちに含めることにはなお異論がありうるであろう。しかしながら尊厳死などのいわゆる「死の自己決定」とは、実はいかに残りの生を生きるかという「生の自己決定」に他ならないのであるし、ましていわゆる危険行為の場合には、未踏峰をめざす山岳家の例を見れば明らかなように、いかに生きるかという「生の自己決定」に他ならない。

IV　患者の自己決定権の限界

本問とやや類似するエホバの証人輸血拒否事件で、一審東京地裁判決（平成九年三月一二日判タ九六四号八二頁）は、人の生命は至上の価値を有し、医師は可能なかぎりの救命を果たす義務を有するとして、宗教上の理由で輸血を拒否した患者の訴えに対し、無輸血手術の特約は公序良俗違反で無効であり、医師は一般的には患者に治療内容などにつき説明義務を負うものの、患者が頑なに輸血を拒む場合には、輸血もありうることを説明しなくても違法ではない、などとした。

これに対して二審東京高裁判決（平成一〇年二月九日判タ九六五号八三頁）は、患者の輸血拒否が他人の権利や公共の利益を損なうものでない以上、無輸血手術の特約は有効であり、また、人生において何に価値を置くかについての本人の自己決定（ライフスタイルの自由）が認められるべきであり、人はすべからく死ぬものであるから輸血拒否行為は自殺とは異なり、残りの生をどのように生きるかという生の自己決定として自己決定権に含まれる、などとした。

さらに最高裁判決（平成一二年二月二九日民集五四巻二号五八二頁）も、宗教上の信念といった明確な意思に基づいて輸血拒否という「意思決定をする権利は、人格権の一内容として尊重されなければならない」と述べ、「人格権」という構成によって患者の治療拒否権を肯定した。

一審が述べた、生命至上主義のまえには治療拒否の自由はないかのような信念は、社会の多数派の信念に合致するがゆえに実定法その他の規範の形をとって少数派に強制されやすいのであるが、このような多数による少数に対する強制こそは、憲法一三条が掲げる個人の尊厳に反するのである。輸血という治療行為を拒否する自己決定は、それが自らを危険にさらすものであれ、他人を害するものではありえない以上、医師といえども他人からの干渉に服すべきものではない。それを「自己決定権」と呼ぶか「人格権」と呼ぶかは二次的な問題であり、個人の生き様の自由が二審、最高裁で認められたのである。

以上から、仮に本件輸血拒否行為が患者本人の生命健康にとり医学上は危険な行為であるとして、その意味では輸血拒否を一応「自己加害行為」ということが出来るとしても、自己加害に及ぶからという理由では患者の自己決定権を制約することは許されないのである。

■参考文献■

佐藤(幸)・憲法四〇五頁以下

棟居・憲法フィールドノート二四頁以下

5 自己決定権 ②

同性愛に関する正確な知識の普及と社会的偏見の解消を目的とする男性の同性愛者の団体A会の代表者Xらは、会員の活動報告の合宿のため、Y県に青年の家の宿泊利用を申し込んだところ、Y県当局は利用を認めなかった。その理由は、次のようなものであった。第一に、同施設は青少年の健全な育成を助成する目的で運営されており、A会の会員が数人ずつ同室で宿泊することは、居合わせた他の団体の一八歳以下の青少年の同性愛行為に対する性的好奇心をいたずらに煽り、教育上有害である。また第二に、同性愛者に対して社会的偏見が強い現状では、居合わせた他の団体との間でトラブルに発展する危険性がある。これに対してXらは、Y県の右措置は同性愛者を不当に差別するものであるとして、Y県を相手取り、慰謝料等の支払いを求めて国家賠償請求訴訟を提起した。

この訴訟の憲法上の論点を検討せよ。

論点

1 公共施設の利用基準

2　同性愛団体の性的自己決定権・表現の自由・結社の自由と利用拒否

Ⅰ　問題の所在

同性愛という性的傾向は、自己決定権のうちに含まれるものとして一三条の幸福追求権によって保障されていると解される（性的自己決定権）。また、このような性的傾向の持ち主が、社会的偏見の解消をめざして団体を結成し、対社会的な啓発活動を行なうことは、もちろん結社の自由として二一条によって保障されている。それゆえ、国や自治体は、同性愛自体を禁じることは許されず、また、右のような同性愛者の団体活動を規制することも許されない。

それでは、公民館や青年の家などの公共施設を同性愛者であることを理由に、あるいは同性愛者の団体の活動に利用するものであるということを理由に、これらの団体の宿泊に利用させないという措置は違憲か。

もとより、国や自治体が、同性愛者が性行為を行なう可能性があることを理由に公共施設の利用を拒否しても、それだけで性的自己決定権の直接の規制であるとはいえない。また、国や自治体が、同性愛団体の社会活動を行なうことを理由に、同団体の公共施設の利用を拒否しても、それだけではやはり、結社の自由の直接の規制とはいえない。いずれの場合にも、単なる施設の利用拒否によって、同性愛行為や同性愛者の結社そのものが禁止されることにはならないからである。

しかしながら他方で、公共施設の利用許可・不許可の決定に際しては、国や自治体は不合理な差別を行なってはならず（一四条一項）、また、公民館や青年の家などの施設は「パブリックフォーラム」の一種といいうるので、表現行為のための利用は原則としてこれを認めなければならないと解される。

このように、本問施設の利用拒否は直ちに原告らの性的自己決定権の侵害や結社の自由の侵害に当たるものではないが、公共施設の性格に鑑みると、利用を拒否しうるのは、当該団体が当該施設を利用することによって他の利用者の人権や個人の尊厳、生命健康に対して明白かつ現在の危険が生じるといいうる場合に限られるというべきであろう。

II 公共施設の利用基準

自治体の公の施設の利用については、一般的には地方自治法二四四条により、住民の利用権が明示され、自治体側が利用拒否をなしうるには「正当な理由」が必要であり（二項）、不当な差別的取扱いについては特に禁止されている（三項）。公共施設が団体による意見発表など、表現の自由にとり特に重要な空間であることから、パブリックフォーラムの一種として表現行為のための利用が地方自治法においても手厚く保護されているものと解される。

この点につき、いわゆる過激派による関西新空港反対「総決起集会」に対する公民館の利用拒否処分が違法であるとして提起された国家賠償訴訟である泉佐野市民会館事件で最高裁判決（平成七年三月七日民集四九巻三号六八七頁）は、次のように述べたところである。

「本件〔会館〕条例は、同法〔地方自治法〕二四四条の二第一項に基づき、……条例七条の各号は、その利用を拒否するために必要とされる右の正当な理由を具体化したものである」、条例同条は「『公の秩序をみだすおそれがある場合』を本件会館の使用を許可してはならない事由として規定しているが、同号は、広義の表現を採っているとはいえ、右のような趣旨からして、本件会館における集会の自由を保障することの重要性よりも、本件会館で集会が開かれることによって、人の生命、身体又は財産が侵害され、公共の安全が損なわれる危険を回避し、防止することの必要性が優越する場合をいうものと限定して解すべきであり、その危険性の程度としては、……単に危険な事態を生ずる蓋然性があるというだけでは足りず、明らかな差し迫った危険の発生が具体的に予見されることが必要である」、「そして、右事由の存在を肯認することができるのは、そのような事態の発生が許可権者の主観により予測されるだけではなく、客観的な事実に照らして具体的に明らかに予測される場合でなければならない」。しかし、当該事実は明らかな差し迫った危険が具体的に予測できる場合であるといえるから、利用拒否処分は違法ではないとした。

右最高裁判決は、(a)公の施設の管理条例が定める利用許可基準は、地方自治法二四四条の「正当な理由」の意味を具体化するものとして解釈されなければならないこと、(b)とりわけ公の施設での集団による利用が集会の自由として憲法二一条の保障するところであることから、不許可とするにあたっては、当該利用から発生する危険性が集会の自由の保障の重要性を上回り、かつ明らかな差し迫った危険というる場合に限られること、の二点を明らかにした判示である。このうち(b)は、表現の自由を規制する場合には当該表現によって他人の人権行使の阻害等の社会的害悪が発生することの抽象的可能性があるというだけでは足りず、その具体的可能性を必要とするという考え方（いわゆる「明白かつ現在の危険の法理」）にほぼ相当するように思われる。

本問施設の利用を不許可とする場合には、右最高裁判決と同様に、集会結社という表現の自由の規制に当たることに配慮し、明白かつ現在の危険の存在が必要であるというべきである。

III 東京都府中青年の家事件

本問は、東京都府中青年の家事件と類似のケースである。一審東京地裁判決（平成六年三月三〇日判時一五〇九号八〇頁）は次のように述べ、原告勝訴の判決を下した。

㈠ 同性愛者の同室宿泊の場合には、男女の場合と同様に、性的行為がなされる可能性が一般的にはあるといわざるをえない。しかしながら、他の青少年が同性愛者の性的行為を目撃する可能性はきわめて小さく、また同性愛者の同室宿泊の事実から性的行為を想像するとも断定できず、仮に想像しえたとしてもそれによって青少年の健全な育成が直ちに損なわれるともいえない。

㈡ 他の青少年による嘲笑や嫌がらせなどが起きるとすれば、それは原告らが同性愛者であることを知ったことによってであって、同室宿泊しているか否かにはかかわらない。また、他の青少年によって原告らに対する嘲笑、揶揄、嫌がらせなどが起きても、それは他の青少年による青年の家の利用を拒否する理由とはなりえても、原告らによる利用を拒否する理由とはなりえない。

㈢ 憲法二一条（表現の自由）、二六条（教育を受ける権利）、地方自治法二四四条（公の施設）に鑑みると、原告らは本件青年の家についてその利用権を有しているものと認められる。

㈣ 同性愛者が青年の家における同室宿泊を拒否された場合には、相当数の個室でもない限り、別々の部屋に分かれて宿泊することはまず不可能であるから、結局のところ同性愛者は青年の家に宿泊することが全く不可能になる。これは男女が同室を拒否されても別々の部屋に分かれて集団で宿泊しうることと比べて著しく不利であり、同性愛者の青年の家の利用権を奪うに等しい。

㈤　以上から、都教育委員会が同性愛者の同室宿泊を拒否しうるためには、同室宿泊によって一般的に性的行為の可能性があるというだけでは足りず、当該同性愛者においても性的行為を行なうことの具体的可能性がなければならない。それが認められない以上、本件拒否処分は違法である。

なお、二審東京高裁判決（平成九年九月一六日判タ九八六号二〇六頁）も結論として一審東京地裁判決を支持し、都側からの控訴を棄却している（確定）。

Ⅳ　同性愛団体と宿泊施設の利用

政治集会の事実であった前掲の泉佐野市民会館事件では、集会行為という集会の自由で保障された行為に対する規制が問題となっていたが、本問では、同性愛団体の同室宿泊を含む合宿の規制が問題となっている。この点に本問の特殊性がある。

Xらの言い分からすれば、同性愛団体が同性愛の社会的認知を求めて行なう研修集会の一環として合宿を行なうのであるから、同室宿泊の拒否は泉佐野市民会館事件の事例と同様に原告らの集会の自由にかかわる事実だということになるのであろう。前記一審東京地裁判決も集会の自由を保障する憲法二一条に言及し、それ故に同性愛者の性的行為の抽象的可能性では利用拒否の理由としては不十分で、具体的可能性が必要であるとしたのである。宿泊者による性的行為の具体的可能性を教育委員会側が立証することは事実上不可能であるから、同地裁判決は、同性愛の社会的認知を求めるなどの研修目的の合宿の場合には、およそ同性愛者であることを理由として利用を拒むことは許されないとしたに等しい。

これに対して本問Y県および右東京都府中青年の家事件の被告東京都は青年の家が青少年の健全な育成を目的とするものであるところ、同性愛者の同室宿泊は青少年の健全な育成を妨げることを、利用拒否の主な理由とする（理由1）。被告側の発想は、青年の家は青少年の教育目的の施設であるから、成人による公民館の利用の規制とは異なり、たとえ集会の自由といえども教育的見地から規制することが許される、というものであろう。

しかし、成人から構成される本問Xらの同性愛団体は青年の家や教育委員会による教育目的の規制の対象とはならないし（また青少年の同性愛も個人の自己決定の問題であって「教育」の名で禁圧することは許されないと解される）、青年の家における性的行為（正確にはその連想）が他の青少年にとって教育上好ましくないのは事実であるとしても（ただし右地裁判決はそのような連想が青少年の健全な育成にさほど有害とはいえないとした）、そのような教育上の不都合をどうしても回避するべきであるというのであれば、本問Xらが青少年を含む他の団体に同性愛団体であるという自己紹介をすることを禁止すれば足りる。にもかかわらず、およそ利用そのものを不許可とするのは、必要以上に過大な制約を原告らの集会の自由に及ぼすものといえ、表現の自由の規制一般に要求される「必要最小限度の基準」を満たさず、違憲というべきである。

さらに、被告Y県側は、原告らの宿泊によって他の団体との間でトラブルが発生する可能性があるという（理由2）が、この点の可能性についても明白かつ現在の危険といえる具体的危険の存在が必要である。それにそもそも、トラブルの原因は他の団体が同性愛者に偏見を有するからであって、偏見に基づく挑発行為に対しては、その他団体の施設利用こそをY県側は規制すべきなのである。県は偏見をなくすべく青少年教育につとめるべきであり、偏見に基づく混乱に際しては、施設管理権を駆使して混乱を招いた他団体の活動を規律すべきである。このような「トラブル」は、X側団体A会の宿泊利用を拒む理由とはなりえない。

■参考文献■

芦部・憲法一九四頁以下
野中ほか・憲法Ⅰ三三四頁以下〔中村睦男〕

6 プライバシー権

Y県に在住するXは、県が自分の思想信条についての個人情報を保有しているのではないかと疑い、同県の情報公開条例に基づき、思想信条にかかる自己情報を記載した公文書の公開を請求した。ところがY県知事は、同条例A条では、「特定個人を識別しうる情報のうち、通常他人に知られたくない情報を含む公文書は、不開示としうる」と定められていることを理由として、不開示決定を行なった。そこでXは取消訴訟を提起し、A条がそもそも本人のプライバシー保護を目的として設けられた条文であるという制定過程を指摘したうえで、本人自身が公開請求をしている場合には、同条を適用するのは誤りである、と主張した。Xの主張の当否を、憲法論の見地から論じよ。なお、Y県においてはいまだに個人情報保護条例は制定されていない。

論点

1 情報公開請求権の法的性質
2 自己情報開示請求権の法的性質

Ⅰ　問題の所在

本問でXは、自己の思想信条にかかる情報という個人の人格的自律に係わる高度にセンシティヴな情報（いわゆる固有情報）の開示を、情報公開条例を用いてY県に対して求めている。当該請求の性格を考えるにあたっては、その形式面と実体面とに分けて考える必要がある。

まず当該開示請求は、情報公開条例に基づいてなされている。情報公開条例は、行政過程の透明化という民主主義的意義の他、憲法上の知る権利（二一条）から導かれる情報公開請求権を具体化するという一面を有するものと考えられる。このような側面に着目すれば、本件開示請求もまた、知る権利ないし情報公開請求権の行使のようにみえる。

しかしながら、本件開示請求の実体は、当該情報の主体である本人自身によるプライバシー権の行使に他ならない。理論的には、高度情報化社会におけるプライバシー権は自己情報のコントロール権として把握されるが、その旨を説く情報プライバシー権説（参照、佐藤(幸)・憲法四五三頁以下）によれば、国や自治体は固有情報の収集を禁じられ、また、市民は自己情報の開示や訂正を求める権利を有する。

そこで本問請求が、知る権利ないし情報公開請求権の行使であるのか、それとも自己情報コントロール権としてのプライバシー権の行使であるのかが問題となる。そしてまた、前者と後者のそれぞれが憲法上既に具体的権利であるのか抽象的権利にとどまるのかが、本問請求の当否にとり重要である。

II 情報公開請求権として

情報公開請求権は、憲法二一条によって保障される（とされる）「知る権利」から導かれる積極的請求権という側面を有している（前出）。その裁判規範性については、それが行政の積極的作為を要求する権利であることや、権力分立の下での裁判所の位置付けから、憲法レベルでは抽象的権利にすぎず、法律や条例による制度化を待って初めて具体的請求権となるという、抽象的権利説が通説化している（参照、佐藤(幸)・憲法五一六頁）。

このような通説をあてはめると、本問Xの情報公開請求は、憲法上当然に具体的権利として存在しているわけではなく、Y県条例の定めるところによって、その範囲でのみ成立するにとどまる。そこで通説に立てば、Y県側が主張するように、本問請求は形式的にはA条が定める適用除外事項（不開示事項）に該当することから、Y県はXの情報公開請求を拒否しうることになりそうである。

もちろん、抽象的権利説の場合には、条例の解釈いかんで請求の可否が決まることになるので、A条は実質的にプライバシー権の侵害といいうる場合にのみ不開示としうると定めているのだという解釈をとれば、抽象的権利説からもXの請求が認められることになりうる。本問の事案ではこのような解決が最も自然であると思われるが（同種の事案であるいわゆるレセプト公開訴訟最高裁判決〔平成一三年一二月一八日民集五五巻七号一六六三頁〕においては、本人からの請求を阻む条項がないとして請求を認容した）しかし、これはあくまで条例解釈の問題であって、憲法論によって答えが決まってくる問題ではない。

以上に対して、情報公開請求権の法的権利性につき、少数説である具体的権利説をとれば、XはY県に対して、憲法上当然に情報公開請求権を有していることになる。すなわち、法律や条例が制定されていなくても、あるいはその内容が不十分であっても、憲法の知る権利だけを根拠として、行政保有情報の公開を裁判上請求することができるという。もちろん、憲法上情報公開請求権が具体的に成立しているとしても、当該情報の公開が第三者の人権を侵害する場合には、当該請求は認められないことになる。つまり、具体的権利説をとれば、本件請求が第三者のプライバシーや営業秘密についての人権を侵害するかが問題となるが、Xは自己の思想信条に関する情報を求めているのであり、本人との関係では当該情報はプライバシー権の侵害とはなりえない。すなわち、Xの本件請求は認められることになる。

Ⅲ　自己情報開示請求として

以上のような情報公開請求権と似て非なるものとして、自己情報開示請求権（本人情報開示請求権）がある。自己情報開示請求権は、憲法一三条の幸福追求権によって保障されている（とされる）プライバシー権を自己情報のコントロール権と理解した場合に生じるところの積極的請求権である。自己情報開示請求権は、情報公開条例のうちに規定されている場合もかつては見受けられたが、今日では、整備が進んできた個人情報保護条例において規定されている。

本問では、なお右条例が制定されていないことを前提としているが、それでは自己情報開示請求権は、法律・条例による具体的制度化を待たずに、憲法から直接に裁判上行使可能な具体的請求権的性格を読み取ることが出来る権利であろうか（具体的権利説）。それとも、法律・条例による制度化によって初めて具体的請求権となりうる性質の権利であって、法律・条例が当該請求権を認めていない場合には、具体的請求権とはなりえないのか（抽象的権利説）。

自己情報開示請求権につき抽象的権利説をとる場合には、当該請求権を法律・条例が認めているか、認めている場合にはどの範囲でかが問題となる。Y県には個人情報保護条例はなく、また本問条例にも本人からの自己情報開示請求制度に関する規定はないことが前提である。そこで、抽象的権利説によれば、本問請求は認められないことになる。

しかしながら、自己情報開示請求権について具体的権利説をとれば、本問条例に規定が存在しないことはXの請求の妨げとはならない。Xは条例に規定がなくとも、憲法上のプライバシー権の行使として、当然に思想信条という固有情報にかかる自己情報の開示を請求することができる。その請求を、たまたま存在する情報公開条例の手続を借用して行なおうとするのが、本件請求だということになる。

Ⅳ 検 討

以上にみたように、Xの本問請求は、当該請求を知る権利に基づくものと捉えたうえで情報公開請求権について具体的権利説をとるか、あるいは当該請求をプライバシー権に基づくものと捉えたうえで自己情報開示請求権について具体的権利説をとる場合には、肯定されることになる。逆に、いずれの場合にも抽象的権利説をとったのでは、肯定されない。

そこで具体的権利説が成り立ちうるかをみると、知る権利の積極的側面としての情報公開請求権が憲法上当然に具体的権利であるとするのは、やはり困難であろう。

表現の自由を情報の自由な流通の保障と捉えれば、マスメディアの情報収集の自由（取材の自由）や、受け手である国民の情報受領の自由は、それらを「知る権利」と称するまでもなく当然に保障されることになる。

しかしながら、それ以上に、行政機関が保有する情報の開示を積極的に請求する情報公開請求権までもが表現の自由ないし知る権利から当然に引き出されるわけではない。表現の自由の保障には、流通する情報の量が豊富であることの保障までは含まれない。また、行政に積極的作為義務を課す以上、行政機関は第三者のプライバシーや営業秘密などを含む情報をどのような基準で公開するべきかの判断基準を必要とするが、憲法からただちにそのような基準は得られない。この点は、二五条の生存権保障が、やはり概念の不確定性などを理由として抽象的権利にとどまるとされることと類似する。

これに対して、プライバシー権に含まれると解される自己情報開示請求権は、固有情報に対するかぎりで憲法上も具体的請求権としての位置付けを認めることに困難は少ないように思われる。なぜなら、プライバシー権自体がもともと防御的な性格を強く有しており、自己情報開示請求権という積極的請求権の形態をとる場合であっても、その防御的性格が変わるわけではない。すなわち、自己情報開示請求権の実際上の効果は、本来行政が有するべきでない自己の固有情報を、行政機関が把握しているか否かのチェック（妨害排除の前提である妨害の有無の確認）にとどまるのである。

以上から、本問請求は情報公開請求の体裁をとってはいるものの、自己情報コントロール権という憲法上の具体的権利の行使であると見なしうると解され、それ故Y県がプライバシー情報を含むことを理由として、情報公開条例A条を盾にとって不開示とすることは許されないと解する。

参考文献

芦部・憲法一六三頁
佐藤(幸)・憲法四五三頁以下、五一六頁
棟居・憲法フィールドノート一五四頁以下

7 平等原則①

法律婚によらない子（非嫡出子）が法律上不利に扱われる場合として、⑴非嫡出子の相続分が嫡出子の二分の一と定めた民法九〇〇条四号但書の規定や、⑵平成一〇年の政令改正で改められたがそれ以前には、離婚による母子家庭には当然に児童扶養手当が支給されるのに、婚外子の母子家庭は子が認知されている場合には児童扶養手当が支給されないこととされていた（児童扶養手当法四条一項五号、児童扶養手当法施行令一条の二第三号＝平成一〇年改正前）などの例が挙げられる。いずれも婚外子を差別的に取扱うことの立法目的が法律婚の維持にある（法律が婚外子を不利に取扱うことによって法律婚を尊重する価値観を助長するのが立法目的である）と仮定した場合、当該立法目的とそれを実現するための手段が合理的関連性を有しているかという観点から、⑴と⑵を比較しつつ論じよ。

論点

1　民法九〇〇条四号但書と法律婚の尊重
2　児童扶養手当法旧規定と法律婚の尊重

Ⅰ　問題の所在

いわゆる非嫡出子の相続分差別については、非嫡出子相続分差別事件最高裁大法廷決定（平成七年七月五日民集四九巻七号一七八九頁）が一〇対五で民法九〇〇条四号但書の規定を合憲としたところであり、児童扶養手当差別については、二つの最高裁判決（①平成一四年一月三一日民集五六巻一号二四六頁、②平成一四年二月二二日判タ一〇八九号一三二頁）が、「認知された児童を除く」との施行令の当該条号の「カッコ書き」部分を「法の委任の趣旨に反する」と判示したところである。非嫡出子相続分差別事件最高裁決定は民法九〇〇条四号但書の立法目的を法律婚の維持であるとし、当該目的に照らして相続分の格差も合理的区別であるとした。また児童扶養手当法・同施行令の旧規定の場合には、法律婚の維持が正面から立法目的とされていたわけではないが（前記の二つの最高裁判決は、児童扶養手当法四条一項は世帯の生計維持者としての父による現実の扶養を期待することが出来ないと考えられうる児童への手当支給を目的とすると述べる）、離婚（法律婚の解消）後は手当が支給されるのに、婚外子の認知後は支給されないという施行令旧規定「カッコ書き」は、やはり法律婚とその他の関係を差別的に取扱うものであったといいうる。

同じく法律婚の維持が立法目的であるとしても、それを(1)相続分の格差によって達成することと、それを(2)児童扶養手当支給の有無によって達成することとの間には、立法目的達成の手段として大きな相違がある。これは単に、手段が立法目的に照らして相当といえるかという手段審査の問題であるだけではなく、そもそも当該立法目的と当該手段とが合理的関連性を有しているといえるかという目的審査の問題ともなりうる。現に、相続分差別については、法律婚の維持にとって無意味な手段であるとの指摘がなされている（最高裁決定反対意見参照）。そこで、(1)(2)を立法目的とそれぞれの手段とが合理的関連性を有しているかという観点から比較考察することが、本問の主たる要求である。

II　民法九〇〇条四号但書の検討

(1)　非嫡出子相続分差別事件最高裁大法廷決定

前述の最高裁決定多数意見は、当該規定の立法目的は法律婚の尊重と非嫡出子保護の調整をはかることにあり、法律婚主義を採用するからには、その調整の結果、嫡出子と非嫡出子との間に差が生じるのはやむをえない、非嫡出子の相続分を二分の一としたことは、右の立法理由との関連において著しく不合理で立法府に与えられた合理的裁量を超えているとまではいえない、とした（なお、本書⑱講参照）。また可部裁判官の補足意見は、法律婚主義を採用する以上、法定相続分の格差は同主義の論理的帰結であると述べている。

これに対して、中島、大野、高橋、尾崎、遠藤裁判官の反対意見は、憲法二四条二項は相続における個人の尊厳を要請しており法律婚の保護を理由に非嫡出子を差別することは許されないはずであるから、右規定は立法目的と手段との間に実質的関連性を有しないと述べる（尾崎裁判官の追加反対意見がある）。

(2)　評　　価

右最高裁決定の多数意見は、民法九〇〇条四号但書は相続分で格差を設けることによって法律婚の保護をはかるものであるという。このように民法九〇〇条四号但書が、他ならぬ相続の場面で非嫡出子差別をすることで法律婚の維持をはかろうとするものであるとすれば、この時既に婚姻外の性関係をもった親の一方は死んでいるのであり、原因者の死後に非嫡出子を不利に取扱ってみたところで本人へのペナルティとしての効果はおよそ期待できない。すなわち、同条は立法目的にとり合理的関連性を有する手段を講じているとはいえず違憲というべきである。

III 児童扶養手当法施行令〔改正前〕の検討

(1) 児童扶養手当差別事件最高裁判決

児童扶養手当法施行令〔改正前〕については、法律婚の維持という立法目的は本問における仮定であり、委任の根拠規定である児童扶養手当法四条一項の立法目的は世帯の生計維持者としての父親不在の母子家庭の経済的援助にある。前記の二つの最高裁判決は、認知を受けていない婚外子の家庭と認知後の同一家庭とで経済状態に変化をきたすという保障はない〔認知が即扶養義務の履行にはつながらない〕ことを強調し、改正前の「カッコ書き」を法の委任を逸脱するものとした。

離婚して子を養育する母子家庭にはその経済状態を問わず一律に当該手当が支給されるのに対し、認知後の婚外子の母子家庭には支給がなされていなかったわけであり、これは経済的援助という立法目的に照らしてみた場合に、婚外子〔非嫡出子〕に対する不合理な差別であったというべきであろう。最高裁判決は委任の趣旨という観点からのものであったが、「支給対象児童とされた者との均衡」に言及しており、実質的には合理的理由のない婚外子差別にクギを刺したものであるように思われる。

(2)　評　価

本問(2)のケースでは、離婚後の母子家庭の嫡出子と認知後の母子家庭の非嫡出子とで、母子家庭の援助の必要という事情は同一であるにもかかわらず、取扱いを異にしていることを、法律婚の保護を実現するための手段であるとして検討することが要求されている。ここでも法律婚の保護自体の目的としての合理性・合憲性は疑わない。

問題は目的と手段との合理的関連性であるが、認知さえしない父親はこれを放置してその穴埋めに児童扶養手当を国が支給し、認知がなされると父親が本当に扶養するのか否かの可能性を確かめずに手当を打ち切るという制度は、法律婚の維持という観点からは全く無意味であろう。むしろ手当の打ち切りによって認知さえ躊躇させる効果を発揮するとすれば、認知にも至らない婚姻外の「ゆきずり」の無責任な関係を保護していることにもなる。いずれにしても、児童扶養手当法の仕組みは、法律婚を維持するという目的にはおよそ合致せず、当該目的との合理的関連性を有しないことから目的において既に違憲である。

Ⅳ　検　討

以上のように、それぞれ違憲論を展開したが、(1)では非嫡出子に相続上の不利益を負わせることが憲法二四条二項のうたう個人の尊厳に反する一方、婚姻外の関係の責任を負うべき本人はすでにこの世にいないから婚外子を責めるのは全く的外れである点を指摘した。これに対して(2)では、認知により手当を打ち切るのは認知さえ躊躇させるであろうから、婚姻外の無責任な関係を温存することにもなりかねず、児童扶養手当法施行令の旧規定の仕組みは法律婚の保護には無意味であることを見た。

このようにいずれも目的と手段が合理的関連性を欠いているということになるが、(1)においては相続という場で非嫡出子を不利に扱うことが個人の尊厳（憲法二四条二項）に反するとともに目的との間で合理的関連性を有しないのであり、これに対して(2)の場合には必要度に照らして実質的平等の観点から手当の支給がなされるべき福祉の場に法律婚の保護という異質な立法目的を持ち込むとすれば、それはやはり目的と手段との合理的関連性の不存在をもたらす原因であるといえる。

すなわち、相続における個人の尊厳が問題となるのが(1)であり、福祉における実質的平等が問題となるのが(2)であり、いずれの場合にも婚外子を不利に扱うことは正当化されえないのである。

参考文献

豊島明子「児童扶養手当法施行令の法適合性」平成一四年度重判解三七頁以下
棟居・憲法フィールドノート八一頁以下

8 平等原則 ②

Xは長年にわたり町内会長を務めるなど、地元に貢献してきたとの自負を有している。ところがXが居住するY市では、地域の発展に貢献した市民を表彰する「市民功労賞」の制度を有しているところ、他の町内会長経験者はもれなく表彰されているのに、なぜかXだけは毎年選考から漏れ、後輩Aらにも次々と先を越されてしまった。そこでXは、自分を表彰せずAを表彰したのは憲法一四条に違反するとして、Y市を相手取り、賞の給付ならびに慰謝料の請求訴訟を提起した。これに対してY市は、大勢の似たり寄ったりの功労者のなかからの選考なので受賞者がむしろ幸運なのであって、Xを特に不当に低く扱ったことはないなどとして、正面から争っている。

Xの主張は憲法上の根拠を有するか。

論点

1　一四条一項の審査基準
2　一四条違反の救済

I　問題の所在

自分と同一もしくは自分より程度の軽い状況にある第三者Aを引き合いに出して、仮にXA間で取扱いに不合理な差別があるとしても、ではそれをどのように解消すればよいのか、司法的に答えが出せるのか。救済になじむのか。慰謝料請求なので違憲違法なら即慰謝料となりそうだが、問題は違憲の別異取扱いでXが損害を受けているのか、である。XA間の格差が一四条違反だとしても、Xは正当な取扱いを受けており、Aが不当に優遇されているのであれば、XはAなみの取扱いを要求する権利を有しないのだから、現状の取扱いで満足する他はなく、Aの幸運と自分を比較して慰謝料請求やAなみの取扱いを求めることは出来ないことになりそうである。これに対して、Aの受けている水準が制度によって裏付けられた正当なものであれば、Aの受益を切り下げる理由はないことになり、それでもなおXA間の不平等を解消するためには、一義的な帰結としてXの受益を引き上げるべきだということになる。この引き上げは一義的な要請であるから、司法的救済になじむことになる。

つまり、比較の対象Aの優遇が単なる基準からの不当な逸脱なのか、それとも制度によって明示的に支えられているのか、がポイントだが、さらに平等原則の本質論がからんでくる。

II　一四条一項の審査基準

平等については相対的平等と絶対的平等という観点の対立がある。相対的平等とは人をその事情などに応じて別異に取り扱うことを許す平等観であり、絶対的平等とは、人が人であるがゆえに別異取扱いはおよそ許されないとする立場である。今日では、一四条一項後段の列挙事由に特別の意味を認め、それらに該当する事柄で人を別異に取り扱う場合には厳格な合理性といった厳格審査基準を用いるとする考え方（特別意味説）が通説化している。同説は、前段については相対的平等観をとり、後段列挙事由については、人を人としてのみ扱いその人種などによる細分化を許さない、という絶対的平等観を採用しているともいえる。そうしてみると、今日の通説は相対的平等観と絶対的平等観との折衷ということも出来よう。

本問で問題となる表彰という利益は、社会的名誉に係わるといえなくもないが、正当な社会的名誉を維持する権利として名誉権を捉えても、正当な表彰を受ける権利がその中に包摂されるわけはなく、公的表彰に対してはそもそも人はいかなる法的利益も有していない。それゆえ、Xの請求の成否は、ひとえに一四条の解釈にかかっており、自由権や社会権といった実体的権利がXの請求を後押しすることはない。

それでは、XA間の格差が、一四条違反かどうかであるが、後段列挙事由には該当せず、前段の一般原則である不合理な差別の禁止という定式に則り、合理性の基準で判断すべきであろう。この基準は一般には合理性の基準といわれる比較的緩やかな基準であるが、しかしおよそ違憲となりえないわけではなく、本件の場合にはXだけが特段の理由もなく例外とされていた模様であることから、一四条違反は成立しうる。

III 一四条違反の救済

ともあれ、「平等」は、それ自体が固有の実体内容を有するわけではなく、他人との相関関係（比較）を前提として初めて成り立つ関係的概念である。つまり、何が平等取扱いかは、何が表現の自由の保障であるかのようには、一義的に決まらない。給付の不平等を解消するためには、全員を最優遇者に合わせる方法もあれば、全員を標準に合わせる方法、さらには、全員に対して給付をゼロにしてしまう方法もあるのである。

いずれの水準に全員を合わせ、不平等を解消するかは、第一次的に政策決定権者の政策的決定に委ねられている。したがって、差別的取扱いを受けている者が優遇者なみの取扱いを求める訴えを提起しても、差額の給付判決を裁判所が下すことは出来ない、という考え方が成り立つ。ところが学説は、なんらかの給付判決を認めようと理論構成に努めている。

(1) 平等権説

平等保障には表現の自由などと同等の権利（平等権）としての性格が備わっており、それは「標準的取扱いを求める権利」と定義づけられる、と主張する見解である（川添・後掲一六頁）。同説によれば、標準以下の取扱いを受けている劣遇者のみが、しかも標準的取扱いとの格差の解消についてのみ、給付判決を得ることができるのである。同説によれば、本問では劣遇者Xは、最優遇者Aと同等の取扱いを請求することはできず、標準までの引き上げを請求しうるにすぎない。同説は、平等保障には最優遇者とその他の者（標準以下の者も標準以上の者も含まれる）との格差を問題とする平等原則も含まれているが、平等原則は客観的法規範であって主観的権利ではないから司法的救済の役には立たない、と考えるのである。

(2)　平等原則説

これに対して平等原則説は、平等権説が権利と原則を区別し、前者の範囲を後者よりも狭いとすることを批判する。平等原則説によれば、平等保障は客観的法規範である平等原則に他ならず、「標準的取扱いを求める権利」は平等保障に含まれていないという。他者への優遇措置は「標準的処遇」自体に影響を与えるから、「絶対的な標準的処遇」なるものは存在しないのである（野中ほか・憲法Ⅰ二六八頁〔野中俊彦〕）。

そこで、同説は、「そこに相対的に『不合理な差別』がある限り平等権の侵害は存在し、裁判での救済を求めうる」（野中・後掲三四頁）と説く。本問については、Xは最優遇者Aとの格差の解消を求めることが出来、したがって慰謝料請求も認容されることになろう。それでは、政策決定権者がどの水準で平等を実現するかについて有している第一次的判断権を裁判所が奪うことにならないか、という疑問に対しては同説は、裁判上の救済とは別に政策決定権者が（事後的に）水準の見直しをすればよいことを示唆する。

Ⅳ 検 討

平等保障は比較を前提とした関係的概念であるから、それぞれの取扱いの根拠には平等保障とは別の実体的権利に係わる法益が備わっている。

このうち、自由権を規制する不利益処分の不平等が問題となっているのであれば、不平等の解消を求め、最優遇者なみの扱いを求める訴えは認容される。なぜなら、取扱いの不合理な格差は、取扱いの対象である自由権に対する不合理な差別という形態の侵害であるから、自由権の救済の問題として、不合理な差別を除去し、最優遇者と同じ扱いを一般化すればよいからである。

社会権の場合には事情はやや困難となる。生存権で裁判上の具体的給付請求が一般的には否定され、二五条一項は抽象的権利にすぎないとされるように（抽象的権利説＝通説）、社会権の場合には、最優遇者の給付水準は確固とした憲法上の具体的権利ではない。こうした不安定なものを足がかりに、劣遇者が最優遇者なみの扱いを求めるのは困難である。ただし、現実に最優遇者になされている給付は既に同人の法律レベルでの具体的権利となっているといいうるのであれば、法律レベルであるが確固とした足がかりが存在するといえなくもない。

以上に対して、本問のように功労賞といった自由権とも社会権とも無関係の事実上の利益についての不平等な取扱いが問題となっている場合には、Ｘは名誉権その他の何らかの実体的権利によってＡなみの水準を請求することは出来ない。表彰するかしないかは、政策決定権者の裁量に任された事柄であり、表彰を受けることに対する憲法上の実体的権利は存在せず、法律その他の制度上もそのようなものは見あたらないからである。そこで平等保障自体によって給付請求を根拠づける必要がでてくる。平等権説、平等原則説ともに、このような文脈で意味を持つ。

しかし、平等権説については、なぜ標準的取扱い（それは単なる平均値にすぎない）が具体的請求の可能な上限となるのかが不明である。標準以下の取扱いしか受けていない劣遇者が標準までの引き上げに成功しても、そのとき標準はさらに上昇することになり、それが繰り返されるのなら、当初の平均値は意味を持たなくなる。また、平等原則説についても、最優遇者の水準までの引き上げを求めうるのはなぜなのかの説明が十分ではないように見受けられる。

そこで平等保障の救済不特定性を理由に、一四条違反の主張をして一四条違反が認められたにせよ特定の給付判決には結びつかず、いずれにせよ原告側の請求は退けられるとの見方が生じることになる（救済否定説）。

しかしながら、どの具体的水準で平等を実現するかは政策決定権者の政策的裁量に委ねられているとしても、政策決定権者が「等しい者」全員を当該水準で「等しく」取扱うことについては裁量の余地はない。政策決定権者が優遇者に与えている給付水準を将来どのようにするつもりなのかは裁判所として判断のしようがない以上、現に政策決定権者が一部の最優遇者に認めている給付水準と原告との格差の是正を、劣遇者原告の請求に応じて認容せざるを得ないものと思われる。

このように、裁判所は政策決定権者でないが故に、逆説的ではあるが、政策決定権者が現に行なっている最高の給付水準を手がかりに格差を是正する給付判決ないしは慰謝料請求認容判決を下すことが出来るものと解される。なお、ある給付水準の給付判決がなされても、政策決定権者はそれに縛られずに全員に対して一律に新たな水準の給付を制度化することが可能である。極論すれば、全員をゼロとしてもよい。劣遇者に対する最高給付水準との差額を埋め合わせる給付判決は、政策決定権者が政策決定権者なりに平等原則を回復するまでの、いわば仮の救済であるにとどまる。

なお、やや事案は異なるが昭和五九年に国籍法が父母両系平等主義に改められる以前の父系血統優先主義に対し、母親は日本国籍を有するのに父親が外国籍の場合には、子が出生とともに日本国籍を取得出来ないのは一四条に反するなどとして提起された国籍確認請求訴訟において請求を退けた東京高裁判決（昭和五七年六月二三日判時一〇四五号七八頁）は、「ある規定が実定法上に存在しないとき、それがいかに憲法上望ましいものであろうとも、違憲立法審査権の名の下に、これを存在するものとして適用する権限は裁判所に与えられていない」と述べている（法改正により上告取下げ）。

参考文献

佐藤(幸)・憲法四六八頁
川添利幸「平等原則と平等権」公法四五号一六頁
野中ほか・憲法Ⅰ二六八頁［野中俊彦］
野中俊彦「平等原則と平等権」法教一二九号三四頁

9 信教の自由と政教分離

Ａ宗教は、「神が七日でこの大地を造り、そして土をこねて人間を造った」という趣旨の天地創造神話を含む教義を有している。その熱心な信者である高校生Ｘは、地元のＹ普通科公立高校の理科の期末テストで宇宙の創成や人類の誕生についての出題に対して、この教義に即した解答をしたところ不合格となり、追試等でも同じ態度を変えなかったため、必修科目である理科の単位がとれず、結局「卒業の見込みがない」という理由により退学処分を受けた。そこでＸは、本件退学処分はＸの信教の自由および教育を受ける権利を侵害するものであるから違憲違法であるとして、Ｙ高校校長を相手取り、その取消しを求める行政訴訟を提起した。Ｘの主張を検討せよ。

またＸがＡ宗教の教義に触れない万有引力の法則について、詳細なレポートを試験の前後に自主的に提出していた場合はどうか。

論点

1　信教の自由と世俗的義務

2　信教の自由と学校当局の包括的規律権
3　代替措置の可能性と政教分離原則

I　問題の所在

本問はエホバの証人剣道受講拒否事件（後出）と類似の事案であるが、似て非なるものがある。本問事例とエホバの証人剣道受講拒否事件との重要な相違点として、本問事例は普通科高校が舞台であるから、宇宙の創成等の自然科学的知見の授業は教育目的にとり必須といえること、この点で代替措置は問題となりえないこと（別の事柄のレポート等で同一の教育目的が達成されるわけではない）が指摘されうる。このような本問事例のケースでは、学校の授業における信教の自由と授業内容とが矛盾をきたす場合の両者の調整は、いかにはかられるべきであろうか。

なお、エホバの証人剣道受講拒否事件および日曜日授業参観事件（東京地裁判決昭和六一年三月二〇日行集三七巻三号三四七頁）では、公教育の宗教的中立性も争点となった。宗教的中立性という要請は、政教分離原則と同じ意味である。国が公教育の場で特定の宗教に必修科目などの世俗的義務を免除すれば、かえって政教分離原則という信教の自由とならぶ今一つの憲法上の要請に反することになるというのが、両事件での学校＝自治体側の主張であった。後述のように、この点の検討に進むまでもなく本問でXの主張は失当であると考えられるが、本問でこの点を問題とするのであれば、理科のある部分の履修を宗教上の理由で免除することが、国の宗教的中立性ないし政教分離原則に違反するか否かが問われることになる。

Ⅱ　信教の自由　vs. 世俗的義務

エホバの証人剣道受講拒否事件は、神戸市立工業高専で宗教上の理由から剣道実技の受講を拒否した学生が退学処分を受け、その取消しを求めて出訴した事案である。一審神戸地裁判決（平成五年二月二二日判タ八一三号一三四頁）が原告の請求を退けたのに対し、二審大阪高裁判決（平成六年一二月二二日判時一五二四号八頁）は原告側の逆転勝訴判決を言い渡し、最高裁判決（平成八年三月八日民集五〇巻三号四六九頁）もこれを維持した。

同事件は、剣道実技の拒否を命ずる宗教的戒律と剣道受講を必修とする公立学校長の教育裁量権とが衝突をきたしたという事案である。しかしながら、そこで原告側が勝利を収めたからといって、宗教的義務が一般的に世俗的義務よりも優先されてよいという解釈を最高裁が示したわけではないことに、まず注意する必要がある。

信教の自由も内在的制約には服し、他人の生命・身体等を害する行為は当然に刑事責任を問われることは、加持祈禱治療事件最高裁大法廷判決（昭和三八年五月一五日刑集一七巻四号三〇二頁）を思い出すまでもなく多言を要しない。しかしながら他方で、一切の法律上の義務が信教の自由よりも優先するわけでもない。さもなければ、信教の自由という人権保障が法律の留保の下に置かれたに等しい結果となろう。

そこで信教の自由が、法律その他の世俗的規範による義務によってどこまでなら制約されてもやむをえないか。言い換えると、信教の自由と世俗的義務との境界線はどこに引かれるべきかが問題となる。この境界線は信教の自由とその制約立法との間では、いわゆる内在的制約（他人の人権、他人の個人の尊厳、他人の生命・健康の保護のための人権制約）のラインで引かれるべきである（内在的制約以上の制約は許されない）。

さらに宗教行為への課税が問題となりうるが、税による信教の自由の制約も、それが宗教行為そのものを課税対象とすることで、宗教行為に非宗教行為に比較して差別的な不利益を及ぼすといった信教の自由を狙い打ちにするような場合のほかは、違憲の問題は生じない。拝観料への課税が争われた古都保存協力税条例訴訟（京都地裁判決昭和五九年三月三〇日行裁三五巻三号三五二頁）でも信教の自由の侵害であると主張されたが、対価を支払って文化財を鑑賞するという行為の外形に担税力を見いだす制度であり信教の自由の侵害とまではいえない、とされた。

学校当局が教育目的で信教の自由を制約する世俗的義務（必修科目など）を課す場合には、もちろん当該義務は内在的制約とはいえない。けれども、学校当局はその学生・生徒に対し、そもそも教育目的の実現手段として包括的規律権を有しており、当該権限の行使としてであれば、内在的制約以上の制約を信教の自由に加えることも許される。同様のことは学校当局による学生・生徒の表現の自由についてもいえることであり、昭和女子大事件最高裁判決（昭和四九年七月一九日民集二八巻五号七九〇頁）はその旨を確認した判例といえる。

Ⅲ　信教の自由と学校当局の包括的規律権

しかしながら、包括的規律権はあくまで教育目的の実現手段として学校側に付与されているのであるから、教育目的に不必要な場合、あるいはそれに反する場合にまで当該権限の行使による人権制約が正当化されるわけではない。

エホバの証人剣道受講拒否事件においては、代替措置を講じる義務（教育上の配慮義務）が高専側にあったのかが主たる争点となった。この点は、剣道実技が高専の教育目的にとり必要不可欠で、それゆえ信教の自由の制約もやむをえないといえるのか、それとも剣道は必要不可欠とはいえずレポートなどの代替措置によっても十分教育目的を達成しうるのか（にもかかわらず代替措置を講じずに剣道実技を強制すれば信教の自由の違憲の侵害となる）という争いであったのである。

同事件の大阪高裁判決（平成六年一二月二二日判時一五二四号八頁）は大要次のように述べて、学校当局が代替措置を検討すべきであるのにそれをせずに退学処分を下したのは違法であるとした。〈信教の自由を制約する退学処分が適法といえるためには、代替措置をとらないことにより得られる本件高専の教育施設としての利益が、控訴人（原告）が蒙る退学という莫大な不利益を上回る必要がある。本件高専は、学生に対して可能なかぎりその施設を利用しうるよう教育的配慮をする必要がある。ところが本件学校長は代替措置の検討を十分に行っていたとは認められない〉。

最高裁判決（前出）も、「信仰上の理由による剣道実技の履修拒否を、正当な理由のない履修拒否と区別することなく、代替措置が不可能というわけでもないのに、代替措置について何ら検討することもなく」行なわれた退学処分は、「考慮すべき事項を考慮しておらず……裁量権の範囲を超える違法なものといわざるを得ない」とした。

以上の判示は、学校当局の包括的規律権は、当該学校の具体的教育目的との関連性が認められないような処分までも正当化するものではない、というものである。そして高専の具体的教育目的である技術者養成にとり剣道実技の履修は必要不可欠とまではいえず、代替措置も容易にとりえたのに、あえて実技を強制して信教の自由を制約したことは違憲違法であるとされたのである。要するに信教の自由を侵害しない代替措置が教育目的上も可能であったのにそれがとられなかったことが違法とされたのである。

Ⅳ 検討

Ⅰで述べたように、本問の事案ではエホバの証人剣道受講拒否事件とは異なり代替措置がとられず、またその余地もない。本問では、信教の自由の貫徹はすなわち宗教を理由とする理科の授業の一部免除を意味せざるをえない。すでに述べたように、信教の自由は法律上の義務一般に服するものではないが、内在的制約、納税の義務、学校と学生との関係における教育目的上の規律などには服する。すなわち、本問では普通科高校の教育目的にとり必要不可欠といえる宇宙創成等の理科の学習義務と、信教の自由との調整が問題となっているのであるが、この場合には学校側の包括的規律権が信教の自由に優先することになる。Xの主張には理由がない。

また、以上の結論は、Xが万有引力について詳細なレポートを提出しても変わらない。なぜなら、宇宙創成についての科学的知見自体が普通科高校の必須の教育内容である以上、当該事項にとり万有引力の法則の学習は代替性を有しないからである。

なお、エホバの証人剣道受講拒否事件では代替措置を講じることが政教分離原則違反となるかも争点となった（高裁、最高裁とも目的効果基準により政教分離原則に違反せずとした）。しかし本問では、そもそも代替措置がありえないのだから、この点を検討するまでもなく、Xの主張には理由がない。本問の設例とは異なり、仮に学校側がわざわざXの信仰のために、万有引力についてのレポートで単位を与えるなどの例外的取扱いをした場合にはどうか。目的効果基準を適用すれば、目的が宗教的意義を有しないとしても、効果の点では、例外の度合いが大きく、また当該宗教についてだけこのような特例を認めるというのであればなおさら援助助長効果は少ないとはいえないであろう。したがって、このようなXに有利な例外的取扱いは、政教分離違反であると考えられる。

参考文献

矢島基美「公立学校における政教分離原則と信教の自由」平成八年度重判解一五頁以下
棟居・憲法フィールドノート一一九頁以下

10 表現の自由 ①

新聞の発行部数のうえで、大手全国紙数紙が市場を寡占している現状を踏まえて、次のような内容のA、B条を有する「新聞法」(仮称)が制定されたとする。A、B各条の合憲性を比較しつつ述べよ。

A条 新聞メディアが伝える情報内容が過度に商業ベースになるのを防ぐため、経営基盤の安定している一定部数以上の大手新聞に対しては、紙面の二割を学術文化記事(その定義は明確になされているとする)に充てることを義務づける規定。違反すれば課徴金を課す。

B条 新聞拡販の過当競争を防ぎ、零細規模の新聞社の経営の安定化を図るため、新聞購読の戸別勧誘を罰則で禁止する規定。

■論点

1 表現の自由の積極規制の可否
2 表現の自由と学術文化記事の強制

Ⅰ　問題の所在

A、B両条とも人権のいわゆる内在的制約（消極規制）ではなく、政策的制約（積極規制）といえる。しかしながら、その具体的な規制目的は大いに異なる。

まずA条は、自由競争によっては実現されない学術文化記事を、無理矢理にでも読者に提供させ、読者の知る権利や文化的生存権を満足するために大手新聞の表現の自由を規制するものであるから、文化面での積極的政策的目的のために設けられているのである。この規制目的は、思想の自由市場に出回る情報の多様性と質を確保するためのものであるが、この種の規制が表現の自由に対して許されるのか。

またB条は、新聞社の表現活動における競争の抑止であるという点を度外視すれば、営業の自由の積極規制の典型例といえる。しかし、新聞社の拡販活動は、それぞれの新聞表現を世間により広く伝えようとする行為であるから、それ自体も表現活動に含まれる（デモ行進や、選挙の際の戸別訪問が表現活動と考えられるのと同様である）。すると、B条では、営業の自由には許される零細業者保護のための積極規制が、表現の自由に対しても許されるかが問題となる。

Ⅱ　表現の自由の積極規制の可否

周知のごとく営業の自由に対しては、規制二分論が妥当するものとされ、消極規制だけでなく積極規制も許されると解されている。二五条からも読みとることのできる社会国家原理から国家はもはや自由競争の弱肉強食を放任するべきではなく、実質的公平を確保するために経済市場に積極的に介入することが要請されるからである。

このような社会国家論に忠実に積極規制を定義づけると、経済的弱者の生存権の保護に直接に結びつくもの（狭義の積極規制）だけに限定されることになるはずであるが、通説判例はより広く積極規制を捉えている。小売市場事件最高裁大法廷判決（昭和四七年一一月二二日刑集二六巻九号五八六頁）によれば、広く「福祉国家的理想」のもとに、「積極的な社会経済政策」の手段として施す規制（広義の積極規制）も、やはり合憲的な規制に含まれるのである。

これに対して表現の自由においては、自由権一般に共通する内在的制約（消極規制）のみが合憲的な規制として許されると解されている。すなわち、広義と狭義とを問わず、積極規制はおよそ許されないことになるのである。その根拠としては、社会国家論が経済的自由にしか妥当せず、表現の自由の場合にはそのような国家の積極的介入が正当化されないことが挙げられる。

この点を敷衍すれば、表現の自由においては、経済的自由とは異なり、思想の自由市場論という形で、なおレッセ・フェールの理念が維持されている。思想の自由市場論からすれば、異なる表現の間の自由競争こそが表現の正しさを保障するのであるから、積極規制によって政策的に読者の知る権利ないし文化的生存権を実現することも、零細新聞社のぜい弱な経営を保護することも、いずれも違憲ということになるのである。以下、本問両条ごとにみてゆくことにする。

Ⅲ　表現の自由と学術文化記事の強制

本問A条は、冒頭にも述べたように、表現内容の多様性と質を確保し、読者の知る権利や文化的生存権を実現するために大手新聞社の表現の自由を制約するものといえる。これは、零細業者の生存権の確保を目的とする狭義の積極規制ではなく、情報の豊かな流通を実現しようとする意味で広義の積極規制である。

表現の内容の正しさは、市場での自由な競争、すなわち新しい意見の自由な発表と自由な批判によってのみ保障されると考える「思想の自由市場論」からすれば、このような国家による政策的介入は否定されざるをえない。

しかしながら、マスメディアによる寡占状態は、表現の自由の分野において思想の自由市場論を維持し続けることを困難に感じさせる。政府の政策的介入が排除されても、それによってマスメディアによる「私的検閲」と、一面的な情報提供が放置されるだけだという指摘もなされる。寡占化された表現市場においては、自由放任では表現の多様性や質を保障することができないのである。

このような現状認識から、反論権などのアクセス権が、マスメディアによる一面的な情報提供を打破する手法として唱えられている。アクセス権の制度化は、マスメディアの表現の自由にとっては「アクセス規制」などと呼ばれる新たな制約を意味する。

それでは、アクセス規制は、表現の自由の制約として許されるであろうか。判例は、サンケイ新聞意見広告事件最高裁判決（昭和六二年四月二四日民集四一巻三号四九〇頁）において、アクセス権の一種である反論文掲載請求権の制度化がマスメディアの表現の自由に萎縮効果を及ぼすとして、二一条に違反する「おそれ」を指摘する。通説も同様の理由から、アクセス権には否定的である。

通説は以上のように、個人からのアクセス権について違憲説をとるのであるから、国が表現の多様性と質を確保することを理由として、直接に表現の自由に広義の積極規制を加えることはやはり当然に違憲と考えるのであろう。

立法においても、テレビ・ラジオの放送番組については、放送法が放送内容の公平性と多角的な論点の提示（三条の二第一項）や、教養番組と報道・娯楽番組などとの調和を要求しているが（同第二項）、新聞について同種の法条はない。チャンネル数が限定されている放送では、自由な新規参入が出来ず表現内容の自由競争がそもそも機能しにくいのであるから、この種の規制が許される（といっても直接具体的な規制ではない）。対するに、思想の自由市場に委ねられるべき新聞表現の場合には、このような規制は許されない。

A条は、読者の知る権利や文化的生存権の実現を目的とするものと解されるが、まず受け手の知る権利はメディアの間の自由な競争によって実現されるべきものであって、公権力による強制によるべきものではない。また、国民が人格的生存に不可欠の必要最小限の情報を入手する権利（文化的生存権）は二五条によって保障されていると解することができようが、この権利は国による文化事業の推進などの給付行政によって実現されるべきである。文化的生存権の観念を持ち出しても、大手新聞社の表現の自由を規制することはできないのである。

Ⅳ　表現の自由と経済的弱者保護

本問Ｂ条は、零細新聞社を保護するために大手新聞社の表現活動を規制するものと考えられ、表現の自由に対する狭義の積極規制に相当する。しかしながら、表現の自由には個人の自己発展や民主主義に寄与するという重要な機能がある。大手新聞社の自由な表現活動も、読者個人の自己発展や社会全体の民主主義のプロセスの活性化に不可欠といえる。それゆえ、経済的弱者の生存権保護のためであっても、大手新聞社の表現の自由を制約することは許されないと考えられる。

なお、Ｂ条は零細新聞社の経営を安定化するために、戸別勧誘という新聞拡販活動を禁止するのであるから、表現主体としての新聞社による表現活動それ自体を規制するものではなく、営利企業としての新聞社の営業活動の規制にすぎないと見る余地もないではない。このように考えると、本問Ｂ条は営業の自由に対する狭義の積極規制の例として、当然に合憲とされよう。しかしながら、新聞購読の勧誘を通常の営利活動と同視すべきでない。新聞の販売自体が表現行為として表現の自由の保障を享受するのであるから、前述のように販売の勧誘もまた表現行為の一環と捉えるべきものと考える。

Ⅴ　検　討

本問Ａ条は、情報の多様性と質を大手新聞社の表現内容を規制することによって実現しようとするものであり、表現内容に対する広義の積極規制である。思想の自由市場論からは、このような規制は許されないことが帰結される。アクセス権の制度化がメディアの表現の自由を侵害するから違憲であると解する通説判例の立場からも、本条は違憲とされよう。

これに対して本問B条は、戸別勧誘による自由な拡販活動を規制することによって、零細新聞社の経営を保護しようとするものであるから、経済的自由の狭義の積極規制にきわめて近い。しかし、新聞購読の戸別勧誘も表現行為の一環と考えられるから、同条は表現の自由に対する狭義の積極規制と捉えるべきである。経済的弱者の生存権を保護するために、思想の自由市場で勝ち残っている大手新聞社の表現の自由を規制することは許されない。それゆえ、B条もやはり違憲となる。

A条は表現内容に対して、その多様性を実現するための広義の積極規制、B条は表現の伝達手段に対して、競争を緩和するための狭義の積極規制を施すものである。このように両者は積極規制といってもその狙いは全く異なるが、いずれの積極規制も表現の自由に対しては許されないと解される。

なお、A条は表現内容に着目して表現の自由を規制する「表現内容規制」、またB条はもっぱら表現の時・場所・方法に着目する「表現内容中立規制」という対比も成立する。「表現内容規制」については厳格な司法審査基準が適用されるべきであるが、「表現内容中立規制」についてはヨリ緩やかな審査基準（中間審査基準）が妥当するとの見解が有力に唱えられている（参照、芦部・憲法一七六頁以下）。しかしながら、このような二分論をとるまでもなく、本問両条は表現の自由に積極規制を及ぼそうとする点において、既に違憲である。

■ 参考文献 ■

芦部・憲法一七〇頁以下、一七六頁以下

佐藤(幸)・憲法五一四頁
野中ほか・憲法Ⅰ三五八頁〔中村睦男〕

11 表現の自由 ②

芸能人Xは某新興宗教の熱心な信者であるが、そのことを秘匿して芸能活動を行なっている。ところがたまたまXの信仰を聞き及んだ高名な小説家Yは、Xの生き様が自分がかねてあたためていた人物像にきわめて近いと感じ、Xの個人情報を徹底的に集めたうえで、それに基づいていわゆるモデル小説（実在の人物をモデルとする小説。あくまで小説でありノンフィクションではない）『ひかり』を発表した。同書はたちまちベストセラーとなったが、同書では名前や時代設定などをXとは変えてあるにもかかわらず、同書を読めばたいていの読者は、それが芸能人Xをモデルとするものであると受け止めた。また、Xの宗教については、儀式の模様などからどの宗教であるかは簡単に特定されえた。同書について文壇では、人間存在を深く追求した傑作小説との評価が固まっている。

Xが Y および版元Zを相手取り、プライバシー権の侵害を理由として慰謝料請求、重版差止めなどの訴えを提起したとして、同訴訟の憲法上の論点を検討せよ。

■論点

1　表現の自由の内在的制約
2　プライバシー権の定義
3　宗教情報のプライバシー性
4　芸術表現とプライバシー侵害の相関関係

Ⅰ　問題の所在

モデル小説は、ノンフィクションとは異なり、実在の事件を素材としていることが表現の本質をなすものではない。実名を用いないのはもとより、時代、場所等の設定を変える場合も多い。しかしながら、芸術表現である以上、作家の芸術的表現力によってモデルの秘めたる内面（事実の場合も虚構の場合もあるが、後者であっても読者は事実と受け取りがちである）が描き出されている。そこで、読者がモデルを特定しうる場合には、ノンフィクション以上のプライバシー侵害が発生しうるのである。

本問では、芸能人Xがモデルであることは読者に容易に知られ、また、X自身は新興宗教の信者であることを秘匿して芸能活動を行なっているのであるから、秘めたる信仰というプライバシー情報が小説表現によって侵害されているといえる。他方で、小説表現はいうまでもなく表現の自由によって保護され、しかも本問小説は文壇で高い評価を受けるような芸術性を有していたといえる。そこで、作家が芸術的創作意図のもとに実在の人物の実話を題材としながらも、それを独自の観点から捉え直し全体として独創的な作品に仕立て上げている場合には、それでもプライバシー侵害となるのであろうか。それとも、小説表現の自由の側が勝利するのであろうか。

モデル小説とプライバシー権をめぐる近時の主要判例として、「石に泳ぐ魚」事件最高裁判決（平成一四年九月二四日判時一八〇二巻六〇号判タ一二〇六号七二頁）がある。同判決は、無名の女性の顔の腫瘍などの描写を含む柳美里の同名小説につき、損害賠償のみならず出版差止めまで認容し注目を集めた。本問でも同様の判決が見込めるか。

II　表現の自由の限界

表現の自由には優越的地位が認められ、その制約立法に対しては厳格な審査基準が適用されるべきであるとされる（二重の基準論）。この通説的考えに立つ場合であっても、表現の自由が自由権一般と同様に、いわゆる内在的制約に服するものであることには異論がない。

すなわち、他人の正当な人権行使を妨げてはならない、他人の個人の尊厳を傷つけてはならない、他人の生命健康を害してはならない、という三原則を具体化するための表現規制立法は、目的においては合憲である。

また、右の三種類の内在的制約は、表現規制立法の制定を待つまでもなく、人権の私人間適用の場面で裁判所によっても人権相互の調整原理として活用されるモノサシである。

本問で問題となっているプライバシー権については、その人権としての位置付けについては次節で述べるが、個人の尊厳にかかる人格的価値として、表現の自由をもってしても侵害することの出来ないものであるといえる。それ故、一般論としては、プライバシー保護のために制定される表現規制立法は目的において合憲であり、また、プライバシー権を侵害されたとする側が表現側を相手どり提起する私人間の争訟においては、前者が差止めないし損害賠償を勝ち取ることが可能である。

Ⅲ　プライバシー権の内容

プライバシー権は憲法上に明文規定はないが、一三条の幸福追求権から読みとれる新しい人権として、判例上も他人の表現行為から保護されている。その定義としては、本問と同様にモデル小説の事例であった「宴のあと」事件東京地裁判決（昭和三九年九月二八日下民集一五巻九号二三一七頁、判時三八五号一二頁）が述べた、「私生活をみだりに公開されないという法的保障ないし権利」という理解が伝統的であった。

「宴のあと」事件東京地裁判決は、プライバシー権の具体的な保護要件として、(a)私生活上の事実または私生活上の事実らしく受け取られるおそれのある事柄であること、(b)一般人の感受性を基準にして当該私人の立場に立った場合公開を欲しないであろうと認められる事柄であること、(c)一般の人々にいまだ知られていない事柄であること、の三点を挙げている。この三点の基準は今日でも司法的救済の基準として機能している。

しかしながら、同判決の定義づけは、「ひとりで放っておいてもらう権利」という一九世紀末のアメリカでの定義の系譜に属する古典的な定義といえ、今日の情報化社会には適合的でない。そこで今日では、情報コントロール権説（佐藤(幸)・憲法四五四頁以下）と呼ばれる新しい学説が通説的地位を占めるようになった。同説によれば、個人は宗教、世界観、精神病歴、犯罪歴など、人の精神過程とか内部的な身体状況に係わる高度にコンフィデンシャルな情報（固有情報）につき、自己情報のコントロール権を持ち、具体的には、収集禁止、第三者提供の禁止という消極的権利のみならず、行政機関に対する開示・訂正・削除請求権などの積極的作為請求権をも持ちうるという（ただし、憲法から直接に導かれるのは消極的権利の側面だけであるとする）。なお同説の考え方は、平成一五年に成立した個人情報保護法（対民間事業者）ならびに改正行政個人情報保護法（対行政機関）によって実定法化された。

本問のケースは個人Xの秘めたる宗教という「固有情報」が侵害されたケースであり、右の新説によってもプライバシー権侵害となる。また、プライバシー権の本質を私生活の平穏に求め、前記の三基準によって司法的救済を認めるとした「宴のあと」事件判決を本件にあてはめても、プライバシー侵害であるとの結論は容易に導かれよう。

Ⅳ　モデル小説の表現の自由とプライバシー権

ところが他方で、小説表現の自由を高くうたいあげ、プライバシー権の保護を抑制的に捉える立場もある（参照、大石泰彦・後掲一四頁、奥平・後掲二三一頁以下）。

このような立場を明確に打ち出した下級審判決も現れている。司法試験受験二〇回という人物の数奇な運命と悲劇的な最後を家族の会話などを交えながら素材とした高橋治『名もなき道を』（講談社文庫）に対し、遺族が提起した訴訟で、一審東京地裁判決（平成七年五月一九日判時一五五〇号四九頁）は次のように述べ、原告敗訴判決を言い渡した（高裁段階で和解）。

モデル小説であっても、(a)作中人物が実在の人物とは全く別人であると思われるほどにデフォルメ（変容）されているか、(b)そこまでいかなくても、実在の人物の行動や性格が小説の主題に沿って取捨選択ないし変容されて、事実とは意味や価値を異にするものとして表現されているか、実在しない人物が設定されてその人物とのからみで主題が展開されているなど、一般読者に小説全体が作者の芸術的想像力の生み出した創作であってフィクションであると受け取らせるに至っている場合には、名誉毀損やプライバシー侵害の問題は生じない。

同判決は、「宴のあと」事件東京地裁判決とは明白に矛盾する。なぜなら、「宴のあと」事件判決は、「文芸の前にはプライバシーの保障は存在しえないかのような……被告等の見解は……とうてい賛成できない」と明言していたところであり、小説表現であるからといってプライバシー侵害の有無に特別の判断基準を持ち込むことを、きっぱりと拒否していたからである。この判示が、ノーベル賞候補ともいわれた三島由紀夫の作品に対するものであったことからすれば、「名もなき道を」事件の東京地裁判決との齟齬は明らかである。

私見としては、やはり「宴のあと」事件判決の判断枠組みを支持すべきであり、「名もなき道を」事件の地裁判決のように小説表現に特別の基準を認めることには疑問を感じる。その理由は次のとおりである。

(イ)　いかに憲法上、表現の自由の保障が手厚いとはいえ、他の私人の人格の核心部分を侵害するようなプライバシー権の侵害は許されない（表現の自由の内在的制約）。このことは芸術表現ないし小説表現一般について妥当するのはもとより、モデルの実話に基づきつつ、その事実関係に芸術的創造力によって新たな意味を付与することに成功しているようなモデル小説についても、やはり妥当する。

(ロ) 小説表現は暴露記事やノンフィクションと区別されるものの、それは前者が小説表現として芸術性を有し、それ故より手厚い保護を受けるべきだからではない。それはひとえに、小説表現の場合には小説中の事実やストーリーの記述が、特定可能な実在のモデルの実話とは異なるのだという印象を、モデルを特定しうる読者の大方に与えうる場合があるからであり、またその限りにおいてである。

(ハ) 小説表現の作品としての芸術的昇華の度合いは、プライバシー権の侵害の度合いとの間で反比例などの相関関係に立つものではない。芸術性は権利侵害についての法的評価を和らげるものではない。むしろ、小説表現として芸術性にすぐれている場合には、モデルに係わる記述が事実であれ創作であれ、読者にモデルの人物像やその人格の内面について固定観念を植え付け、本人のプライバシー権を侵害することとなりうる（小説表現ゆえの侵害可能性）。

(ニ) 本問小説のようないわゆるモデル小説は、小説の出来不出来という芸術的視点からは、実話と創作との単なるつぎはぎである場合と、全体として小説家の芸術的主張を有する芸術作品に変容せしめられている場合とがありうるところであるが、裁判所はモデルとされた人物のプライバシー権侵害の有無の判断に際して、当該小説が右のいずれであるかを判断の基準とすべきではない。なぜなら、法解釈・適用機関である裁判所には、小説の芸術表現としての昇華の度合いや完成度を認定する権限も手続も備わってはいないからである（裁判所の権限・能力の限界）。

Ⅴ 検　討

以上により、モデル小説がいかに芸術的昇華を施しているとはいえ、読者にモデルが実在の人物と結びつけて捉えられてしまう以上、プライバシー侵害が発生するのは、通常の、芸術性のないノンフィクションと同様である。むしろ、芸術的表現力によって、作家の想像にかかるモデルの内面の描写もリアリティを持ち、「私生活上の事実または私生活上の事実らしく受け取られるおそれ」（「宴のあと」事件東京地裁判決）がヨリ強く発生するといえよう。それ故、小説表現であるからといって、他の表現形態と比べて表現側に有利な基準を用いるべきではないのである。本問のXの請求は認められるべきである。

なお、芸能人は政治家等のように、公的批判にさらされるべき「公人」には当たらないから、プライバシー権の保障について一般人と区別すべき理由はない。また、本問では信仰が問題となってるが、その秘匿はプライバシー権のみならず信教の自由（信仰告白をしない自由を含む）によって、何人にも絶対的に保障されるべきであるから、いずれにしても、本問Xが芸能人であるという事情は、以上の結論を左右するものではない。

なお、わいせつ文書頒布罪（刑法一七五条）をめぐっては、わいせつ性の判断は「文書全体との関連において判断されなければならない」とした「悪徳の栄え」事件最高裁大法廷判決（昭和四四年一〇月一五日刑集二三巻一〇号一二三九頁）の「全体的考察方法」がある。しかしながら、プライバシー権という対抗利益があるモデル小説の場合には、このような「全体的考察方法」は適切でない。

冒頭に紹介した「石に泳ぐ魚」事件では、二審東京高裁判決（平成一三年二月一五日判時一七四一号六八頁）が述べた「現実との切断を図り、他者に対する視点から名誉やプライバシーを損なわない表現の方法をとることができないはずはな（い）」というモデル小説に対する厳しい見方が最高裁によっても肯定された。その上で最高裁は、小説の単行本化により重大で回復困難な損害を被らせるおそれがあるとして、出版差止めまでも認容したのである。プライバシーはひとたび侵害されると取り返しがつかず、また雑誌に既発表の小説であっても単行本化により読者層を広げうるから、差止判決もやむをえない救済方法といえる。

本問も同判決と同様に、損害賠償と重版の差止めがあわせて認められるべきケースである。

▩ 参考文献 ▩

大石泰彦「プライバシー等の侵害を理由とする小説の出版差止め」平成一四年度重判解一三頁以下
奥平康弘『ジャーナリズムと法』（一九九七年、新世社）二三二頁以下
佐藤（幸）・憲法四五四頁以下

12　表現の自由　③

A県は、県内自衛隊基地が隣接県有林にレーダー基地の建設を計画していることに関連して、建物見取図などの情報を国から取得し、公文書として保管しているところ、県民Bは県公文書公開条例（以下、「県条例」）に基づき、同公文書の公開を請求した。これに対してA県側は、県条例に「(第五条) 公開をしないことができる文書」(不開示事項）の一つとして、「(第一号) 公開することにより国との信頼関係を著しく損なうことが明らかである場合」が挙げられていることを根拠として、不開示決定を下した。そこでBは、同処分の取消訴訟を提起し、県民は県保有情報に対して憲法上「知る権利」を有しており、県条例をまたずとも憲法上の具体的権利として情報公開請求権を行使しうるのであって、当該不開示事項は「知る権利」の制約根拠とはなりえないから、右規定は違憲無効であると主張した。Bの主張ならびに、予想されるA県側の主張を検討せよ。

論点

1　「知る権利」の位置付け

2　「知る権利」の法的性格

Ⅰ　問題の所在

本問は、①条例上の公文書公開請求権は条例によって創設的に付与されたものか、②それとも憲法上の「知る権利」＝情報公開請求権から当然に成立し、条例は確認的意味を有するにすぎないのか、という論点に関するものである。国の情報公開法の不開示事項の解釈をめぐっても、同じ論点が成立する。①の考え方をとれば、条例上の公開請求権の範囲は不開示事項には及ばないことになる。これに対し②の考え方をとれば、条例上の不開示事項は、憲法上の「知る権利」＝情報公開請求権を限界づけうる場合に限定されるべきで、それ以外の不開示事項は違憲無効であることになる。

Ⅱ　憲法上の「知る権利」の位置付け

(1)　「知る権利」の意義

「知る権利」は、今日の高度情報化社会においては、単に表現行為の自由を保障するだけでは表現の自由の保障として十分とはいえず、表現の受け手の側にも情報の自由な流通を享受する権利を認める必要があることから唱えられる権利である。そこで、同権利は表現の自由の保障に含まれるものとして、二一条にその条文上の根拠を見出すことが出来る。また国政情報との関係では、当該情報が国民に提供され、政治・行政過程に対する民主的な監視、および自由な世論の形成がなされることが、民主主義にとっては不可欠であることも、「知る権利」の根拠をなす。

(2)　「知る権利」の二側面

「知る権利」に以上の二つの意義があることに対応して、同権利には消極的情報収集権（取材の自由）と積極的情報収集権（情報公開請求権）との二つの側面がある。前者については、「二一条の精神に照らして尊重に値する」とした博多駅テレビフィルム提出命令事件最高裁大法廷決定（昭和四四年一一月二六日刑集二三巻一一号一四九〇頁）も存するところであるが、本問で問題となるのは後者である。後者の意味での「知る権利」は、具体的には情報公開請求権という形態をとる。以下、「知る権利」という場合には、こちらの意味で情報公開請求権と同義に用いる。

Ⅲ　「知る権利」の法的性格

「知る権利」は、国・自治体の積極的作為を要求する権利である点で、公権力による侵害を排除する権利という通常の自由権（消極的権利）とは異なり、むしろ生存権（積極的権利）に近似する。したがってその法的権利性についても、二五条での議論が参照されるべきである。とはいえ、「知る権利」を表現の自由のなかに読み込む以上、プログラム規定説をとることは出来ない。

そこで、①その法的権利性を承認しつつ、憲法上はあくまで抽象的権利であるにとどまり、法律・条例を待って初めて具体的権利となるという抽象的権利説と、②憲法上すでに具体的権利として成立しているから、国民・住民は法律・条例を待たずに情報公開請求権を行使することが出来るという具体的権利説の対立がありうる。なお、二五条での具体的権利説は直截な具体的請求権を認めるところまで踏み込まず、立法不作為の違憲確認を認めるにとどまっているが、新たな財政支出に係わる生存権ではともかく、「知る権利」ではこのような躊躇をする理由はない。

まず抽象的権利説であるが、こちらが通説となっている。佐藤幸治教授は、①当該権利が政府の情報開示という作為を求める権利であること、②権力分立下での裁判所の地位を考慮すれば、法律による開示基準の設定と具体的開示請求権の根拠づけを待たずに、直ちに一般的に、司法的強制可能な権利とみることは困難であることなどから、「法的権利」性を強調しつつ、抽象的権利説を説く（佐藤（幸）・憲法五一六頁、同・現代国家と司法権五二二頁以下）。生存権との近似性を強調する見解である。もっとも、同説も抽象的権利の中身を極力具体化しようとしているのであって、条例上の公文書公開請求権は条例による「確認的創設」であるとする。

これに対し具体的権利説は、少数説にとどまるといえよう。奥平康弘教授は、表現の自由および民主主義にとり、「自由でゆたかに情報が流通している制度、そこへ接近して、そこから任意の情報を入手できるようになっている制度……が絶対的に要請される」とし、情報公開請求権を「バック・アップする『具体化』立法が全く欠如している場合でも、コンテクストのいかんによれば、憲法上構成されたアクセス権が、それ自体として貫徹し、政府機関は請求にかかる情報を当該請求者に開示する義務が生ずる」と説く（奥平・後掲一三頁）。「知る権利」が表現の自由に含まれるものである以上、生存権のアナロジーによるべきではなく、具体的権利説をとるべきであるという見解であろう。

生存権と「知る権利」との近似性は、もとより国・自治体の積極的作為を要求する権利であるという形式的近似性にとどまり、生存権と表現の自由という実体的な差異は歴然として残っている。

また、形式的近似性自体も疑う余地がある。なぜなら、本来情報の自由な流れにのるべき情報が、国・自治体によってダムの水のように貯め込まれており、情報公開請求権はダムの水門を開けることを求めるに等しいのであって、情報の自由な流れを妨害しないという消極的不作為を要求しているにすぎない、という見方もありうるからである。

以上から、生存権では抽象的権利説が妥当であるとしても、「知る権利」ではそうとは限らないと考えられる。そこで生存権で抽象的権利説の根拠として持ち出される理由が、「知る権利」でも説得力を有するかを実質的に検討する必要がある。

生存権における抽象的権利説の理由は、「健康で文化的な最低限度の生活」の内容が一義的でなく、立法者による専門技術的・政策的裁量判断を待つ必要があるというものであった。これに対して「知る権利」の場合には、国・自治体が保有する情報のうち、憲法上「知る権利」に優先して秘匿されるべき情報を除いた全ての情報がその対象となる。したがって、「知る権利」と他の憲法上の諸価値との比較衡量の困難さはあるものの、「健康で文化的な最低限度の生活」といった不確定概念に比べると一義性はある。また、「知る権利」は表現の自由から派生し、民主主義とも深く結びついた人権であるから、生存権のように政治部門の専門技術的・政策的裁量に委ねられるべきではない。それ故、「知る権利」については具体的権利説もおよそ成り立たないとはいえない。

ただし、「知る権利」といえども限界があり、他人のプライバシー、名誉、国の外交・防衛秘密その他憲法上非公開としうると考えられる情報の場合には、公開請求権は及ばない（七三条二号により外交交渉権は内閣の専権事項である)。このような「知る権利」と他の諸価値との調整は、裁判所の解釈に生の形で委ねられるべきではなく、憲法の価値序列をにらんだ立法者による調整に委ねられるべきであろう。

したがって結局のところ、一般的には抽象的権利説によりつつも、民主主義や参政権の行使に必要不可欠な基本的国政情報(これらは実際には議院の会議の公開(五七条一項)および内閣総理大臣の国会への報告義務(七二条)によって国民に情報提供されるべきである)や公人の人格に関する情報など、明らかに「知る権利」が優先する場合には、例外的に具体的権利性を認めることも可能であろうと考える。

Ⅳ 検討

Bの主張は、①憲法上の「知る権利」は具体的権利であって、それ故、条例上の公文書公開請求権はその確認をしたものにすぎず、②県条例の非公開事由は憲法上の「知る権利」を正当な制約根拠なく制約するものである、もしくは過度に広範に規制するものであるから違憲無効であるというものである。

これに対してA県側の予想される主張は、B主張に対応して、①「知る権利」は憲法レベルでは抽象的権利であるにとどまり、条例上の公文書公開請求権によって初めて実定法上の具体的権利が創設される。②条例上の公文書公開請求権の範囲すなわち不開示事項の範囲は、もっぱら立法政策に委ねられているのであるから違憲無効とはなりえず、本問の事案は「国との信頼関係を著しく損なうことが明らかである場合」であるといえるから適法な処分である、というものであろう。

さらに、③仮に「知る権利」がB主張のように憲法レベルで具体的権利であるとしても、本件公文書の内容は、国の防衛秘密に該当する実質秘であって(参照、外務省秘密電文漏洩事件最高裁決定昭和五三年五月三一日刑集三二巻三号四五七頁）、そもそも「知る権利」の対象とはならないと付け加えることも考えられる。

すでに述べたように、「知る権利」が国・自治体の積極的作為を要求する権利であるという形式面に着目すれば、生存権と同様に抽象的権利説が説得力を持つ。すると、B主張①②は理由がないこととなる。しかしながら、「知る権利」があくまで表現の自由に含まれる自由権であり、参政権的機能も併せ持つものであるという実質面に着目すれば、具体的権利説もにわかに否定しがたい。そこで私見は前述のように、基本的国政情報や公人の人格に関する情報にかぎり、「知る権利」の具体的権利性を認めるべきであるとするものである。この立場をとれば、A県側の主張①②が、フリーハンドの立法裁量を主張するのは行きすぎであることとなる。

▩参考文献▩

芦部・憲法一六三頁
奥平康弘「政府保有情報の開示制度と憲法」法時六四巻一二号（一九九二年）一三頁
佐藤(幸)・憲法五一六頁
同・現代国家と司法権五二一頁以下

13 学問の自由

甲県では、県内に多数存在する民間の研究施設（大学を除く）における研究活動が、遺伝子操作などを行なっていることに対して、次のような規定を有する「遺伝子操作規制条例」（仮称）を制定したものとする。規制対象となる遺伝子操作の概念自体は明確であるとして、同条例X条のA、B各号の憲法上の問題点を指摘せよ。

X条　遺伝子操作を用いる研究活動に際しては、その実施主体は事前に県知事に研究計画の詳細を記載した許可申請書を提出し、県知事の許可を得なければならない。知事は、次の各号のいずれかに該当する場合には、不許可とすることができる。

A　当該研究活動の結果、地域の生態系や住民の健康に対して取り返しのつかない被害が発生するおそれがあると考えられる場合

B　当該研究活動の内容が、学識経験者からなる県倫理委員会によって「人間の尊厳」に反しており反倫理的であると判定された場合

■論点
1　学問の自由の制約法理
2　事前抑制の可否
3　明白かつ現在の危険の法理
4　「倫理性」と内在的制約

Ⅰ　問題の所在

学問研究の自由は表現の自由と並んで精神的自由権に属する人権であるが、最近のハイテク研究の興隆により、先端的科学技術がひきおこしうる害悪の深刻さが注目されるようになっている。にもかかわらず表現の自由と同様に、事前抑制の原則的禁止や明白かつ現在の危険の法理がハイテク研究にもあてはまるのか。また、倫理や道徳のみを理由とする学問の自由の制約は許されるのであろうか（なお、現在大学向けには文部科学省による「実験指針」、民間向けには農林水産省による「指針」などが設けられている）。

Ⅱ　学問の自由の一般的制約法理

学問の自由に対しては表現の自由と同じく精神的自由の一つとして「優越的地位」が認められ、その制約立法に対しては厳格な司法審査基準があてられるべきであると考えられる。

すなわち、表現の自由の優越的地位を支える根拠の一つとしていわれる「思想の自由市場論」は、全ての表現内容が「思想の自由市場」での審判によってその当否を判断されるべきであり公権力によってその当否を判断されるべきではない、というものである。この理論からは「言論には言論で」という対抗言論の原則が導かれ、表現の自由に対する高権的規制は、「思想の自由市場」での批判や反論がうまく機能しない場合にかぎり二次的補充的にのみ許されることとなる。同様の事柄が、同じく精神的自由に属する学問の自由についてもいえるであろう。

それ故、(イ)学問研究および研究発表の許可制などの事前抑制は原則として禁止され（事前抑制の原則的禁止）、(ロ)漠然不明確な文言による規制は文面上無効であり（明確性の基準）、(ハ)規制は研究活動が社会的害悪をひきおこすことにつき明白かつ現在の危険が存在する場合に限られ（明白かつ現在の危険の法理）、(ニ)当該社会的害悪は他人の同等の人権行使を妨げる場合、個人の尊厳を損なう場合、他人の生命健康を害する場合という、いわゆる他害性の認められる場合に限られ（内在的制約論）、さらに(ホ)規制手段は立法目的を達成する必要最小限度のものでなければならない（ＬＲＡ基準）。

以上のような観点を本問にそのまま当てはめると、本問規制は違憲とされうるであろう。なぜなら、(イ)本問許可制度は事前抑制の原則的禁止に触れ、またＡ号は被害発生の「おそれ」を理由に不許可としうるとするものであるから(ハ)明白かつ現在の危険の法理に反し、さらにＢ号は反倫理性のみを理由として不許可としうるとするものであるから(ニ)内在的制約論から逸脱しているからである。

Ⅲ　先端的研究の自由の制約法理

しかしながら、上記の(イ)(ハ)(ニ)の三点が、本問が前提としているような予見不能だが重大な害悪発生の危険性をはらんだ先端的研究の場合にも成り立つといえるかは、疑問の余地があろう。

第一に、遺伝子操作などの先端的研究は、生態系や周辺住民の健康に取り返しのつかない甚大な被害を及ぼしうる。自由な研究活動が結果として生態系や住民の健康に悪影響を及ぼしたあと事後的規制を施したのでは、もはや取り返しがつかないという不可逆性が認められる。このような結果の重大性・不可逆性は、表現の自由には通常は見られない特徴である（ただし、プライバシー侵害の場合には不可逆性がみられる）。そこで、重大で回復困難な害悪発生の危険性をはらんだ先端的研究に対しては、事前抑制の原則的禁止という考え方はあてはまらないように思われる。

第二に、未知の危険性をはらんだ先端的研究の場合、抽象的危険の存在は指摘しえても、現実の害悪がいつどのように発生するのかを予見することは困難である。害悪発生の危険性が具体化したといえる段階で初めて規制しうるのだとすれば、実際にはおよそ規制が許されないに等しいことになる。先端的研究の場合、抽象的危険からいきなり現実の害悪へと移行するのであって、危険性が具体的に予見できる具体的危険の段階がない（そのような経験則がいまだ得られていない）ためである。

そこで、予見不能だが重大な害悪発生の危険性をはらんだ先端的研究に対しては、明白かつ現在の危険の法理は適用されないと考えられる。

第三に、反倫理的な先端的研究の場合、それが成功を収めると、反倫理的な事実が新規に創造されてしまうことになる。たとえば、ヒト遺伝子と猿の遺伝子との組合せで類人猿を創造してしまった後では、倫理的な非難をいくら浴びせても「人間の尊厳」を否定する当該生物の誕生という事実そのものを否定することはできない。

そもそも表現の自由で倫理や道徳を根拠とする制約が許されないと考えられるのは、このような価値はひっきょう多数派の信奉する価値観に他ならず、それ故当該制約が多数派の偏見に基づく少数派の抑圧につながるからであった。多数派が少数派の倫理観・道徳観を批判することはもちろん許されるのであるが、それはあくまで思想の自由市場における対等の言論相互間での自由な批判という形式によるべきなのであって、法による強制という形式によるべきではないのである。

なおこの点につき、刑法一七五条のわいせつ文書頒布罪を合憲と解する通説および判例（チャタレー事件最高裁大法廷判決昭和三二年三月一三日刑集一一巻三号九九七頁など）が、性道徳の維持を当該条文の立法目的としていることには疑問をはさむ余地がある。これでは道徳を表現の自由を規制する正当な根拠としたことになってしまうからである。合憲論をとる場合には、やはり性犯罪の増加を抑えるとか、わいせつ表現の女性差別的メッセージから女性の個人の尊厳を守るなどの内在的制約として同条を説明すべきであろう。

これに対して先端的研究が、実際に人間の尊厳を害するといいうる意味での反倫理的研究成果（類人猿の創造など）を可能とする場合には、その淘汰を思想の自由市場に委ねるのは意味をなさないのである。そこで、反倫理的な性格を有すると判断される先端的研究に対しては、内在的制約論は妥当せず、倫理上の根拠に基づく法的制約も可能と考えるべきであろう。もとより、その際の倫理観が多数派の利害や偏見をそのまま反映したものであってはならないから、本問のように中立的な倫理委員会によって、なにが「人間の尊厳」といった客観的倫理観であるのかを確定する手続は最低限の要請といいうる。

Ⅳ　検　討

以上から、本問法律は事前許可制という事前抑制の仕組みをとる点がまず問題となる。表現の自由と同様に先端的研究に対しても事前抑制が原則として禁止され、とりわけ検閲は絶対的に禁止されると解すれば、本問の事前許可制は違憲となろう。本問規制は、行政機関による研究内容の網羅的検討と事前許可制との組合せであるから端的に検閲に該当し（なお検閲の意義につき参照、税関検査事件最高裁大法廷判決昭和五九年一二月一二日民集三八巻一二号一三〇八頁）、当然に違憲といいうることとなろう。

しかし、事前抑制の原則的禁止（検閲の絶対的禁止）という考え方は、悪しき言論の持つ害悪は思想の自由市場における言論の淘汰によって自然に除去されることを踏まえている。しかるに、本問のような先端的研究によってひきおこされる被害は取り返しのつかない性質のものでありうるのだから、そもそも事前抑制の原則的禁止（検閲の絶対的禁止）の考え方がここでは成り立たないと考えるべきであろう。それ故、事前許可制をとるからといって、本問法律は違憲とはいえない。

つぎにA号は、被害発生の「おそれ」のみを要件として、研究の不許可という規制を可能とするものである。この点が、明白かつ現在の危険の法理に反するように見えるが、そもそも同法理は、惹起される危険の種類、およびその発生可能性を知り得る場合にのみ有効な法理であろう。本問のような先端的研究では、危険の明白性・現在性を要求することは害悪発生を阻止するためには無意味であろうから、同法理が妥当しないと考えられ、結局のところA号は合憲といえる。

またB号は、倫理観を根拠として学問研究の自由を制約するものであるから、内在的制約とはいえないが、表現の自由の内在的制約に倫理観に基づく制約が含まれないのは、倫理的非難の本来あるべき場は思想の自由市場だからであろう。倫理観の優劣は、社会全体の中での批判と対話によって実現されるべきである。ところが、本問のような先端的研究においては、その研究成果（負の成果も含む）の倫理的当否を思想の自由市場で議論することは、すでに登場している新規の生命体などの否定につながるものではないのだから、無意味といえる。それ故、「人間の尊厳」といった一定のミニマムの客観的倫理観を中立的機関が認定するのであれば、倫理的理由に基づく規制も許されると解される。よってB号も合憲といえる。

もとより、以上とは逆に表現の自由の審査基準をそのままあてはめ、本問A、B号ともに違憲とする考え方も十分に成り立ちうる。

参考文献

芦部・憲法一五八頁
戸波・憲法二七七頁以下

14 居住移転の自由

「交通秩序の維持」を理由として都心の一定地域への自動車の乗り入れを許可制とすることは、憲法の人権保障の観点からどのような問題を生じさせるか。また、右の自動車の乗り入れ規制の合憲性と、デモ行進を「交通秩序の維持」を理由として事前許可制の下に置くことの合憲性とを比較しつつ論じよ。

論点

1　居住移転の自由の事前抑制の可否
2　デモ行進の事前抑制の可否

I　問題の所在

居住移転の自由は職業選択の自由（営業の自由）とともに憲法二二条一項によって保障されているが、そこでは二九条二項と同様、公共の福祉による制約が明記されている。

封建的身分制社会においては、人の居住地や職業は身分によって固定されており、居住移転の自由も職業選択の自由も保障されていなかった。このような封建的制約を否定した近代憲法に属する日本国憲法が、職業選択の自由（営業の自由）と居住移転の自由とを同じ条項で規定しているのは、右の沿革に照らせば自然なことといえる。

しかしながら、居住移転の自由は、どのような地域社会で生活し、どこへ出かけて誰と意思の疎通を交わすかの自由を保障する側面を有し、コミュニケーションの自由、すなわち表現の自由と密接に結びついているといえる（参照、佐藤(幸)・憲法五五四頁以下）。自動車による移動は、コミュニケーション行為の一部といえるであろうか。もしそうであれば、本問のような一定地域への乗り入れの事前許可制は、デモ行進の事前許可制と同様に、その合憲性が問題とされる必要があることになる。

II　居住移転の自由の制約

居住移転の自由は複合的性格を有する人権であるといわれる。すなわち、経済的自由のみならず人身の自由の側面を有し、さらに表現の自由との関連性や個人の人格形成の基盤となりうることなどが指摘される。それ故、居住移転の自由の制約の合憲性を考える際には、「それぞれの場合に応じて具体的に検討しなければならない」（芦部・憲法二二〇頁）。

二二条一項の「公共の福祉」を居住移転の自由との関連でどのように捉えるかについては、次の三説が存在する（野中ほか・憲法Ｉ四二一頁以下〔高橋和之〕）。

まず、第一説は、二二条一項に職業選択の自由と居住移転の自由とが並べて規定されていることを重視し、職業選択の自由（営業の自由）と同様に、居住移転の自由に対して政策的制約を加えることも可能であると解する。

これに対して、第二説は、二二条一項の「公共の福祉」は職業選択の自由のみにかかり、居住移転の自由にはかからないと解し、それ故、居住移転の自由に対する政策的制約は許されないと説く。

第三説は、二二条一項の「公共の福祉」は文理上は居住移転の自由にもかかるが、居住移転の自由には経済的自由の側面と民主制の本質につながる側面とがあり、後者の意味での居住移転の自由に対する「公共の福祉」による制約は、精神的自由の場合と同様の「自由国家的公共の福祉」に限定して捉えるべきであるという。（伊藤・後掲二一七頁）。

さきに述べた、居住移転の自由の複合的性格からすれば、第三説が妥当である。もっとも、二二条一項の居住移転の自由を複合的な人権と見なさなくても、二二条一項の居住移転の自由は居住移転の純粋に経済的側面についての人権保障であって、コミュニケーションの自由としての居住移転の自由は一三条の幸福追求権や二一条の表現の自由に読み込むことも可能であろう（なお、帆足計事件最高裁大法廷判決〔昭和三三年九月一〇日民集一二巻一三号一九六九頁〕の田中裁判官等の補足意見は、一時的旅行の自由は二二条一項の居住移転の自由に含まれず、幸福追求権に含まれるという立場をとっている）。

すなわち、居住移転の自由がコミュニケーションの自由を意味する場合には、それに対する規制は、事前抑制は原則として許されず、積極規制は許されず、規制手段も必要最小限のものでなければならない。これに対して、居住移転の自由が純粋に経済的自由を意味する場合には、それに対する規制は、事前抑制も規制手段の一つとして許され、積極規制も可能であり、規制手段は一見明白に不合理でなければ合憲である（明白の原則）。

なお、二二条二項の「外国移住の権利」には一時的海外渡航の自由も含まれるとしつつ、旅券発給拒否という一種の事前抑制に対して、「外国旅行の自由といえども無制限のままに許されるものではなく、公共の福祉のために合理的な制限に服する」とした判例がある（前出、帆足計事件最高裁大法廷判決）。旅行の自由がコミュニケーションの自由という側面を有すること、したがってその事前抑制は原則として禁止されるべきであることといった認識は、ここには全く見られない。

以上の一般論を本問に及ぼせば、どのようにいいうるであろうか。まず自動車による移動は、人の移動を簡易迅速に行なうものとして、ふだん異なる場所に居住している人のコミュニケーションを促進する。それゆえ、自動車による移動の自由は、二二条一項の居住移転の自由（その精神的自由の側面）に含まれるか、そうでないとしても一三条の幸福追求権に含まれよう。それゆえ事前許可制による事前抑制は、原則として禁止されていると解される。

もとより、交通の総量を規制しないと都心の交通がマヒするなどの明白かつ現在の危険が認められる場合には、交通秩序を維持する（居住移転の自由同士を調和する）という内在的制約の手段としての事前許可制は例外的に許されよう。その際、事前許可制という規制手段は、特定の場所・方法に限定した規制である。それゆえ、表現の自由についての内容規制・内容中立的規制二分論を用いると、コミュニケーションの内容そのものを規制対象とするのではなく、場所・方法に対する内容中立的な規制であることから、比較的緩やかな審査基準（中間審査基準）でよいことになりそうである。

を見ておこう。

Ⅲ　デモ行進の事前許可制の可否

居住移転の自由のコミュニケーションの自由としての側面に着目すると、その事前許可制はデモ行進の事前許可制と同様に論じられることになる。そこで、デモ行進の事前許可制について説かれるところを見ておこう。

新潟県公安条例事件最高裁大法廷判決（昭和二九年一一月二四日刑集八巻一一号一八六六頁）は一般的事前許可制は違憲であると述べつつ、特定の場所・方法につき合理的かつ明確な基準の下では許可制も合憲であるとする。この立場は、いわゆる集団暴徒論をとった東京都公安条例事件最高裁大法廷判決（昭和三五年七月二〇日刑集一四巻九号一二四三頁）においても基本的に踏襲されている。

学説には、集団行動の内容に対する事前抑制は検閲の禁止（二一条二項）に該当するが、表現の時、場所、方法に関する必要最小限度の外形的規制にとどまるかぎり検閲には当たらないとするものが有力である（佐藤(幸)・憲法五四九頁）。

しかしながら、デモ行進は、とりわけ政治的少数派にとっては、意見表明の限られた手段の一つであり、民主主義にとって不可欠の表現手段であるとともに、場所等の特定が広範に及ぶ場合には、事前抑制は思想の自由市場に少数意見が登場する機会を奪うものとなりかねない。そう考えると、文面違憲説がでてくる。

また、道路は通行のためにのみ存在するのではなく、公的言論のための利用が優先的に確保されるべきパブリックフォーラムと捉えるべきであろう（参照、駅構内ビラ配布事件最高裁判決昭和五九年一二月一八日刑集三八巻一二号三〇二六頁の伊藤補足意見）。このような点を考慮すれば、道路の本来の利用形態が一般の自由な通行であるという理由で、交通秩序の維持をデモ行進よりも当然に優先させる基準が事前許可制についてとられているのであれば、それは目的違憲となるものと解する。

さらに、パブリックフォーラム論をとる場合には、道路などの公的空間では可能なかぎり表現の自由に配慮しなければならないことから（伊藤前掲補足意見）、事前許可制が規制手段として必要最小限であることが要求されるが、一般には届出と事後処罰の組合せが、より制約的でない手段と考えられるから、この点でも違憲説（手段違憲）が成り立つ余地がある。

Ⅳ 検 討

自動車の都心乗り入れ許可制は、コミュニケーションの自由に対する事前抑制であるから原則として禁止されるが、交通秩序の混乱が明白かつ現在の危険であるといいうるほど現実具体的なものである場合には、例外的に許されると解する。その場合、事前許可制という規制手段は、内容中立的規制であるから中間審査基準により、手段としても合憲である。

デモ行進の自由も、コミュニケーションの自由として捉えられることはもちろんであるが、この場合には、内容中立的規制であるから中間審査基準で足りることには、必ずしもならないと考える。むしろ、パブリックフォーラムとして道路を把握すれば、事前許可制という規制手段は必要最小限のものでなければならず、届出制で足りることを考えると公安条例によるデモ行進の事前許可制は必要最小限とはいえないと考える。

▩参考文献▩

芦部・憲法一九六頁以下、二一〇頁以下
佐藤(幸)・憲法五四九頁
伊藤正己「居住移転の自由」宮沢還暦七巻二一七頁

15 営業の自由

酒税法の定めにより酒の販売には免許が必要であるが、この酒類販売免許規制の合憲性について、次のそれぞれの場合ごとに論ぜよ。

(1) 酒類販売免許規制の立法目的が、酒税を確実に賦課徴収することにある場合。

(2) 酒類販売免許規制の立法目的が、零細規模のものが多い既存の酒小売店を保護することである場合。

(3) 酒税が福祉目的に使途が限定された目的税である場合。

論点

1 税法と審査基準

2 規制二分論の適用可能性

I 問題の所在

酒類販売免許規制（二〇〇三年に大幅に緩和されたが、なお撤廃されたわけではない）は、実際には本問

(1)が想定するように、税収確保を目的として営業の自由に制約を加えるものである。このような規制目的の場合には、租税立法について広い立法裁量を認めたサラリーマン税金訴訟最高裁大法廷判決（昭和六〇年三月二七日民集三九巻二号二四七頁）にしたがえばよいのか、それとも営業規制立法についての規制二分論をあてはめることができるであろうか。あるいは、第三の合憲的規制類型を生み出すべきであろうか。それとも、目的違憲というべきであろうか。その際、実際には同規制が零細業者の既得権保護のために機能していることが結論に影響を及ぼすか。福祉目的税化されている場合には、積極規制と同様に考えればよいのか。

前出のサラリーマン税金訴訟判決は、租税法の分野における所得の性質の違い等を理由とする取扱いの区別は、当該立法において具体的に採用された区別の態様が立法目的との関連で著しく不合理であることが明らかでない限り、その合理性を否定することができない、とした。本問も租税法上の営業規制であることから、右最高裁判決をあてはめると、目的が(1)(2)(3)のいずれであっても、明白の原則により合憲判決が容易に導かれる。

しかしながら、税法によってであれ営業の自由が規制されているのであるから、規制二分論との関連で酒類販売免許規制の問題が論じられる必要があることは疑いない。

II　酒類販売免許制事件最高裁平成四年判決

酒類販売免許制事件最高裁平成四年判決（平成四年一二月一五日民集四六巻九号二八二九頁）は、サラリーマン税金訴訟、小売市場事件（昭和四七年一一月二二日民集二六巻九号五八六頁）、薬事法事件（昭和

五〇年四月三〇日民集二九巻四号五七二頁）の各最高裁判決を引用しつつ、財政目的の営業規制を積極・消極規制のいずれにもあてはめることなく、緩やかな手段審査基準を用いて合憲判決を下した。第三の規制類型を樹立したのか、二分論を維持しつつ積極・消極の割り切りがしにくい事例であることから明言を避けたのか、判然としない。

なお、園部補足意見は、税収目的の規制が第三の規制類型であることを認めつつ、手段審査基準は裁判所が立法事実を確実に把握する能力に依存するとして、酒税の重要性の判断および合理的な規制の選択については立法・行政の専門技術的裁量を認め、結果として緩やかな審査基準を採用する（同じく合憲判決である酒税法違反事件最高裁判決〔平成一〇年三月二四日刑集五二巻二号一五〇頁〕の園部補足意見も同旨）。規制二分論を修正しつつ、安易にサラリーマン税金訴訟判決の枠組みを用いずに、販売免許規制を営業規制であると正面から捉える点ですぐれている。

III　検　討

税法上の規制であるとはいえ営業規制であることには変わりがないのだから、規制二分論の当否、ならびにそのあてはめを避けて通るわけにはいかない。規制二分論は、税収目的の規制には対応しておらず、無理矢理積極規制にあてはめるべきではない（参照、芦部・憲法二〇八頁）。むしろ端的に第三類型を樹立すべきである。この点では、園部意見が妥当であろう。ただし、第三類型が緩やかな手段審査基準と結びつくかは異論がありうる。

私見としては、「税収保全目的規制」という第三の合憲的規制類型を認めるとともに、手段審査基準につき行政法学上の「財政許可」が「羈束裁量」であり厳格な裁量統制基準を要請することにならい「必要最小限度の基準」によるべきであると考える。すると、本問(1)は目的合憲だが手段としての販売免許規制が行きすぎであり、手段違憲という結論もありうるであろう。

なお本問(2)では、酒類販売免許規制が積極規制と位置付けられている。税も国の経済政策の一環として特定の経済活動を促進したり抑止したりする手段として用いられていること（その意味で税は市場に対して中立的ではないこと）は、今日では常識化していよう。したがって、酒類販売免許規制が税法のなかに含まれていることは、同規制が積極規制として機能することと矛盾しない。また、現に同規制には零細業者保護という機能が見られる。(2)の立法目的は小売市場事件最高裁判決と同様に積極規制目的であり、目的の合理性が認められ規制手段も一見明白に著しく不合理とはいえないから、合憲となる。このように、正面から積極規制であることを立法者がなりふりかまわず認めてしまえば、司法審査によるチェックはほぼ機能しなくなる。

それでは(3)であるが、販売免許規制の直接の目的が経済的弱者の保護ではなく、福祉目的税という場合はどうか。福祉目的税も税の一種であり、名目が福祉であっても弱者の営業機会を直接に保護しようとする積極規制とは何の関係もない。(2)と同様に積極規制として是認される性質のものではなく、(1)の結論にならうことになる。

▨ 参考文献 ▨

芦部・憲法二〇八頁以下

野中ほか・憲法Ⅰ四四頁〔高見勝利〕

16 財産権保障 ①

いわゆる森林法共有林事件最高裁大法廷判決（昭和六二年四月二二日民集四一巻三号四〇八頁）は、共有林の共有者のうち持分が二分の一を超えない共有者による分割請求を制限する森林法一八六条（改正前。以下、「旧規定」という）につき、森林経営を安定化するという立法目的は合憲であるが、その実現手段とされた同条は目的達成手段として合理性と必要性がないことが明らかであるとして、違憲判決を下した。そこで国会では右判決を受けて森林法の当該規定を削除し、その結果共有林の共有者は持分の大小を問わず、民法二五六条により自由な分割請求権が行使できるようになった。

ところが最近では、熱帯雨林の保護への関心が世界的に高まり、世界有数の木材輸入国であるわが国としても輸入木材への依存体質を改める必要に迫られている。そこで国会では、わが国の林業を発展させることで木材の自給率を上昇する必要があるとの観点から、森林経営の安定化を目的として森林法を再改正し、同法に次のような骨子からなる共有分割制限規定（以下、「新規定」という）を設けたものとする。

A　森林の共有者は分割請求権を行使する際には、その持分の大小を問わず、林野庁長官の許可（「分割許可」という）を受けなければならない。無許可でなされた分割請求権の行使は無効とする。

B　林野庁長官は、共有林の分割後、森林経営を維持するための必要最小限度の面積（別に政令で定める）以下に森林が細分化されることとなる場合には、当該分割を許可しないものとする。

このような新規定の合憲性を論じよ。森林法共有林最高裁大法廷判決の論評として、旧規定が明治期に制定された古い立法であることを考慮したものであるとの見解や、単独所有の原則という私法上の観念に忠実な判決であるとの見方があることを参考にせよ。なお、森林法判決のいわゆる違憲判決の効力その他の影響が右新規定に及ぶことはないとせよ。

論点

1　森林法共有林事件最高裁判決の意義

2　環境保護目的のための共有分割制限の合憲性

I　問題の所在

森林法共有林事件最高裁判決では、持分が二分の一以下の共有者からの分割請求を否定する森林法旧規定は、共有者間で経営方針の一致をみない現状を固定化し、かえって森林経営の安定を損ねるのであるから、立法目的の実現手段として「合理性と必要性を欠くことが明らか」であるとされた。いわゆる手段違憲判決といえるが、手段審査基準が何であったのか、どうあるべきであったのかについては、学説の理解は分かれている。いわゆる規制二分論を用いるかぎり、森林経営の安定化という立法目的は積極的政策的規制目的であることは疑いなく、したがって手段審査基準は明白の原則になるはずであるのに、同判決はそのような言い回しはしておらず、むしろ必要最小限度の基準ないし厳格な合理性の基準により違憲判決に至っているようにも見えるからである。

ともあれ同判決は、対象となった森林法旧規定が明治期の制定にかかる古い法律であり今日とは立法事実のズレも大きいうえに、事案のケースであった持分二分の一ずつの共有者間ではいずれの側からも分割請求は出来ないなど、目的達成手段としての不合理は明瞭であった。その意味では、特殊事情が重なって違憲判決が下されたとも見うる。

これに対して、本問の新規定は、旧規定の不合理さをかなり払拭しているため、これが司法審査を受けるとすれば、裁判所はどのような審査を行なうのか、森林法共有林事件判決の射程が問題となる。まず、同判決によっても合憲とされた森林経営の安定化という旧規定の規制目的と同様の立法目的を掲げる新規定は、やはり目的それ自体は合憲と考えてよいであろう。それでは、規制手段である分割許可制は合憲か。またその審査基準はどうあるべきか。

II　森林法共有林事件最高裁判決の理解と射程

森林法共有林事件判決をめぐっては、同判決が規制二分論を明示的には用いなかったことの理由が取り沙汰された。以下にいくつかの可能性を掲げる。

①まず、規制二分論自体に対して批判説が存在する。消極・積極規制という規制目的だけを合憲的規制類型とするのはよいとしても、なぜ消極規制―必要最小限度の基準、積極規制―明白の原則という具合に規制目的と手段審査基準とが結びつくのかの根拠が薄弱であるとか、公害規制のように中間的なものも存在するといった指摘である。森林法共有林事件判決は、このような批判を直接に受け入れたものではないが、財産権規制立法には営業規制立法に比べて多様な形態があるとしており、暗に規制二分論が硬直的な定式にすぎることを認めているようである。

②次に、規制二分論がそもそも営業の自由の領域で確立された判例理論であって、はじめから財産権規制をも当然にカヴァーするものではなかった、という説明である。森林法共有林事件判決も、財産権の種類、性質の多様性、規制目的の多様性（「積極的なものから……消極的なものに至るまで多岐にわたるため」）を指摘し、規制目的に加えて、規制される財産権の種類、性質、制限の程度等を比較考量すべきであるとする。この説明によれば、森林法共有林事件判決は財産権規制立法一般についてのリーディングケースとして、積極規制と消極規制を両端とする連続的な規制目的に対応する、明白の原則から必要最小限度の基準に至る連続的に変化する手段審査基準という審査基準論を定立したといいうる。このように考えると森林法共有林事件判決は、この可変的な審査基準を「必要性もしくは合理性を欠くこと

が明らか」か否かという、実は小売市場事件最高裁大法廷判決（昭和四七年一一月二二日刑集二六巻九号五八六頁）および薬事法事件最高裁大法廷判決（昭和五〇年四月三〇日民集二九巻四号五七二頁）でも一般論のところで言及されていた概括的な審査基準の形で言い表していることになる。

③さらに、本問でもヒントとして与えられているように、森林法旧規定は明治期の制定にかかる古い立法であった。そこで、最高裁としては、立法者への敬譲を気にする必要はなく、また制定当時の立法事実は今日では妥当しないとの推定が働くともいえるから、積極規制の事例であるにもかかわらず手段審査で厳格審査基準を用い、違憲判決を下したのだという説明もある。この説明では、森林法共有林事件判決はその特殊事情の産物であって、今日の他の財産権規制立法には及ばないことになる。つまり、規制二分論を財産権規制の分野でも基本的には支持しながら、立法事実が不明だとか既に事情が変化したことが明らかだという場合には、例外的に規制二分論を用いずに一律に厳格審査でいくという方式を明らかにしたことを、森林法共有林事件判決の意義と捉える立場である。

④森林法共有林事件判決は、民法二五六条一項の自由な共有分割請求権の行使をもって、「各共有者に近代市民社会における原則的所有形態である単独所有への移行を可能ならしめ」るところの、「共有の本質的属性」であるという。このような単独所有を原則と捉える私法上の所有権の観念を、右判決はそのまま憲法上の財産権保障と同視したうえで、共有分割請求権を制限する規定が問題となっていたが故に違憲判決を下したのだともいいうる。このように見ると、同判決はやはり例外的であって、単独所有の公法的規制が問題となる通常の事例（たとえば建築規制）にまで及ぶものではないことになる。また、判旨の審査基準が何であったのかは、審査基準以前にそもそも単独所有の否定は許されないという

実体的命題から違憲判断が導かれるのである以上、詮索しても無意味だということになろう（以上の学説の詳細につき、参照、棟居・百選Ⅰ二〇九頁）。

Ⅲ　本問新規定の合憲性

(1)　目的審査

本問新規定は森林経営の安定化という、旧規定とほぼ同様の規制目的を掲げる。もちろん、森林経営の安定化という直接の立法目的の背後に控える、より大きな立法理由は両者で異なっている。旧規定では林業という産業育成が経済政策的観点から追求されていたのに対して、新規定では熱帯雨林の保護という地球環境的課題が追求されているからである。

このように根本的な立法理由が環境保護にあることから、新規定は消極規制であるとか、積極規制と消極規制との中間形態であるとかの見方も出てきうる。すると、規制二分論そのものを維持すれば、新規定は必要最小限度の基準という厳格な基準によって手段審査されるべきであることとなるか、あるいは中間形態の規制類型であるとして厳格な合理性といった中間審査基準によるべきだなどと考えることになろう。

しかしながら、規制目的の類型いかんは、やはり直接の立法目的（新規定では国内林業の経営安定化）によって判定されるべきである。なぜなら、規制二分論は、裁判所が審査能力や民主的正当性の観点から立法者に敬譲を払うべき経済政策的事項と、そのような配慮を必要としない警察的・秩序維持的事項との区分をベースにしている。新規定のように環境保護に動機があるとはいえ、それを国内林業の振興によって達成しようとする立法者の判断は、その具体的政策決定においては、やはり専門的・政治的な決定であって、審査能力および民主的正当性の両面から、厳格な司法審査にはなじまないのである。

そこで、新規定は立法目的において積極規制目的と分類すべきことになる。ここまでは森林法共有林事件判決が下した、旧規定についての判断と同じである。それでは新規定についての手段審査基準はどうあるべきか。

(2)　手段審査

既に述べたように、森林法共有林事件判決のとった手段審査基準については議論が分かれている。先に見た①ないし②の捉え方を新規定にあてはめると、ここでも硬直的な二分論を用いるのを避け、連続的・可変的な手段審査基準を財産権の性質や規制目的、規制の種類態様などを総合的に考慮して決めるべきことになる。

新規定では、林野庁長官による分割許可制という新たな仕組みが導入されておりこの点で旧規定と大きく異なる。共有持分権ないし共有分割請求権という財産権が、公法上の許可規制に服すること自体は違憲とはいえない（農地法三条でも農地所有権の移転につき本問と同様の許可規制が敷かれ、無許可の移転は無効と定められている）。許可制自体が立法目的との関係で明らかに不合理な規制とも思われないし、新規定が定める許可基準は、必要最小限の面積以上を確保する分割請求であれば許可しなければならないというものであるから合理的な範囲内の規制といえ、結局のところ新規定は「必要性と合理性を欠くことが明白」とはいえない。したがって、先の①②のように考える場合には、規制手段も合憲との結論に至る。

本問でヒントとされている③④の考え方の場合はどうか。③では旧規定の古さが違憲判決の最大の理由であったこととなるから、新規定は積極規制―明白の原則という定式が妥当し、合憲となる。

これに対して④のように、単独所有の原則という私法学的所有権概念に忠実に考えると、新規定も単独所有への自由な移行を妨げるものである点では旧規定と異なることはないから、やむにやまれぬ事情があるといった例外的場合以外には、やはり違憲とされよう。国内林業の振興とか森林経営の安定化の手段としては、補助金の支出など他にとりうる方法がありえ、単独所有の原則をまげるほどの正当化根拠はないことになろう。それゆえ、この④のような前提に立てば、新規定もやはり違憲ということになる。

■ 参考文献 ■

井上典之＝小山剛＝山元一編・憲法学説に聞く（二〇〇四年、日本評論社）一二一頁以下〔小山剛＋棟居快行〕

佐藤(幸)・憲法五六八頁以下

野中ほか・憲法Ⅰ四四六頁以下〔高見勝利〕

棟居・百選Ⅰ二〇九頁

17 財産権保障 ②

国では、権利者による私有地の自由な使用を規制する、次のような法律A、Bの制定を検討しているものとする。それぞれ財産権の規制として合憲といえるか。なお、補償の要否は直接の論点ではないとせよ。

A　わが国に生息する希少な動物を保護するために、当該動物が棲む一定地域での森林の伐採、宅地造成その他当該動物の生息環境を悪化させる新規の事業を禁止する。

B　文化庁が指定する一定の遺跡の周辺地域では、未発見の遺跡が傷つくのを防ぐために、大規模な造成や基礎工事を禁止する。

論点

1　財産権規制の類型

2　公用収用的侵害の要件

Ⅰ 問題の所在

憲法二九条二項は立法者に財産権の内容規定権限を与えている。しかしながら、一項で私有財産制度と個々具体的な財産の所有の両面が保障されていると解される結果、二項の立法者の権限にも一定の限界が課されることとなる。森林法共有林事件最高裁大法廷判決（昭和六二年四月二二日民集四一巻三号四〇八頁）では規制二分論が明示的には採用されなかったが、同判決においても、積極規制と消極規制を両端とする多様な規制類型が合憲的な財産権規制として許されることは述べられている。それ故、経済的弱者を保護するために社会経済政策を遂行し、その観点からなされる積極規制は財産権規制立法として合憲である。また、他の自由権との調整をはかり、社会秩序を維持するための消極規制も合憲である。

以上の他に、現代的現象として、二項による財産権規制と三項による公用収用との境界があいまいになってきていることが指摘される。従来は法律の一般性に照らして許されないと考えられてきた個別的処分法が、法律が社会国家の経済介入手段として用いられるようになった二〇世紀以降、実質的平等を害さない範囲では許容されている。その結果、法律自身が公用収用的侵害を及ぼすことがありうるようになり、また、そのような法律は実質的には三項の公用収用行為であるから、二項の合憲的規制類型論とは別の合憲性審査に服するのである。

すなわち、公用収用的法律は、具体的公益目的を有し、当該公益目的のために収用対象とされる財産権の利用制限（いわゆる公用制限）がなされるのであれば、合憲である。正当補償は憲法上の要請であるものの、それを公用収用的法律のなかで定めていない場合であっても、当該法律ないしそれに基づく処分が違憲無効となるわけではない。個別の補償規定がない場合であっても、憲法二九条三項に基づき、各権利者は直接に補償請求訴訟を提起することが可能だからである（請求権当然発生説。河川附近地制限令事件最高裁大法廷判決昭和四三年一一月二七日刑集二二巻一二号一四〇二頁）。

そこで、財産権に制約を加える立法の合憲性を判定する際には、二項の本来の一般的財産権規制の場合である消極規制から積極規制へとつらなる多様な規制類型に該当するか、それとも三項の公用収用的侵害立法であれば具体的公益目的を有し、そのために財産権の利用制限がなされているのかを審査することになる。後者の際に注意すべきことは、補償規定が置かれていることは公用収用的制限立法そのものの合憲性には影響を及ぼさない（補償は侵害を正当化しない）ということである。

それでは、本問のような、希少動物の保護という立法目的（A法）や、遺跡の保護という立法目的（B法）は、財産権規制立法の規制目的として合憲といえるであろうか。

Ⅱ　二項の規制類型へのあてはめ

まず本問A法、B法ともに、消極規制といいうるか。A法は希少動物の保護を目的とするが、希少動物の保護が環境保全の一環であり、環境保全は人間の生物的環境を支えることを考慮すれば、消極規制でないと言い切れるわけではない。しかしながら、環境保全と希少動物保護とは完全に一致するわけではなく、むしろ本来は別目的であるから、A法は消極規制目的であるとはいいがたい。

次にB法は、遺跡保全という目的である点で、当該地区の土地所有権に当然に内在する制約（社会的制約）であるという言い方も出来ないわけではないであろう。土地所有権の内容は、具体的な土地の形状や周辺環境との兼ね合い、さらには当該土地がはたす公共の機能によっても規定されてくる（状況拘束性、社会的拘束性）。奈良県ため池条例事件最高裁大法廷判決（昭和三八年六月二六日刑集一七巻五号五二一頁）は、そのような趣旨に一般化して解することも可能である。このように財産権に内在する制約であることから、B法を消極規制と呼ぶことも出来ないではない。

それでは、積極規制といえるかどうか。A法は、積極規制を広く社会経済政策一般と捉えれば、かろうじて積極規制といえなくもないが、希少動物の保護は社会国家の目的とするところではないから、やはり積極規制では説明できないであろう。B法の遺跡の保護という目的は、歴史的文化的環境権を二五条に読み込み、しかも当該権利を開発による侵害にさらされる文化的弱者である一般市民の権利と位置付けて初めて積極規制目的といえるであろう。積極規制目的を経済的弱者保護と結びつけると、遺跡保護はおよそ経済的弱者保護とは係わらないから、積極規制とはいいがたいことになる。

III　公用収用的侵害としての合憲性

以上に二項による財産権の一般的制約として、本問各法律が合憲といえるかを見た。ABいずれも消極規制にも積極規制にも、すんなりとはあてはまらない。そこで端的に、本問法律はいずれも具体的な公益目的を実現するために私有財産を「用ひる」公用収用的侵害に他ならないと捉えることが素直であろうと思われる。公用収用的侵害の場合、補償の要否にのみ議論が集中するが、前出の河川附近地制限令事件判決で確立された請求権当然発生説によれば、公用収用としての合憲性は補償の有無とは関係がない（正当補償が伴なわなくても公用収用自体が違憲となるわけではないが、逆に正当補償がなされうるからといって公用収用の違憲性が帳消しになるわけでもない)。そこで、具体的公益性が備わっているか(公益事業性などといわれる)、および当該公益目的の実現のために当該私有財産の利用制限が必要不可欠なものとして用いられるのか(移転性などといわれる)という要件が重要となる。

いずれの法律も、具体的公益性を備えた立法目的を実現しようとするものであり、また、当該立法目的実現のためには土地の利用規制が手段として不可欠であるといえる。すなわち、公用収用法としてであれば、いずれの立法も合憲ということになる。

なお、補償の要否に一言すると、通説は特別犠牲説をとりながら、第一に、規制が当該財産権が社会的共同生活との調和を保つうえで必要とされるものであれば補償は不要であり(建築基準法に基づく建築規制など)、また第二に、他の特定の公益目的のために、当該財産権の社会的効用とは無関係に偶然に課される規制であれば補償が必要であるという(自然公園法に基づく国立公園内の自然風物維持のための規制など)(参照、野中ほか・憲法I四四七頁〔高見勝利〕)。

このうち第一の点は二項の消極規制を言い換えているだけのように思われる。これに対して第二の点は、二項の一般的制約では説明できない、公用収用的侵害の定義文ともいいうる定式である。本問法律はいずれも規制対象となる土地所有権にとっては無関係な社会的公益を遂行するために、当該財産権にいわば偶然に(自らには原因がなく偶発的に)課せられた規制である。それ故いずれも公用収用的侵害であり、具体的公益目的を有しその実現のために課される利用規制であるから、合憲的規制といいうるのである(右通説=今村成和説によれば、補償も当然に必要である)。

■ 参考文献 ■

芦部・憲法二一七頁
野中ほか・憲法Ⅰ四四七頁以下
〔高見勝利〕

18 家族の保護

国会では、法律婚を保護するためという共通の立法目的で、次の三つの立法措置をとることを検討しているものとする。Ａ～Ｃそれぞれの合憲性を論ぜよ。

Ａ　非嫡出子にはおよそ相続権がないものとする。

Ｂ　実体としての夫婦関係は存続させ形式だけ協議離婚する、いわゆるペーパー離婚を罰金刑で禁止する（なお、虚偽の届出を処罰する現行戸籍法一二四条は度外視せよ）。

Ｃ　既婚者が愛人をもうけ家庭をかえりみなくなるような婚姻外の関係（いわゆる不倫）に対しては、当事者に罰金刑を科すこととする。

論点

1　非嫡出子相続分差別の合憲性
2　ペーパー離婚と、法律婚＝届出婚の保護
3　性的結合の自由と、法律婚＝婚姻に基づく家族関係の保護

Ⅰ　問題の所在

法律婚の保護という場合、①婚姻届の提出を督励するという側面と、②法律婚によって形成された家庭生活の平穏の保護という側面とがある。すなわち、①法律婚の督励は、婚姻届を提出させることで婚姻の要件を満たす性的結合関係だけを国家が法的に承認し、その反面として婚姻の要件を満たさない関係には法的認知を与えないことによって、かような関係を事実上も排除することを目的とすると考えられる。法律婚制度によって、婚姻適齢以下の者の婚姻や、近親婚、重婚などが排除される（民法七三一条以下参照）。同時に、戸籍制度を通じて法律婚が一定程度社会的に公示されることで（戸籍法一〇条参照）、社会も法律婚の夫婦を尊重し、婚姻外の関係を抑止する気風を発生させることにもなる。また、②法律婚によって形成された家族関係に対しては、夫婦の一方だけの意思による離婚は当然には認められず（民法七七〇条）、同居協力扶助義務（同七五二条）などが生じるほか、相続に際しても法律婚の配偶者には当然に相続分が認められる（同八九〇条）など、法が特別の保護を与えているといえる。

①②いずれの側面も、「両性の本質的平等」をうたう憲法二四条一項が予定すると考えられる一夫一婦制を保護することにつながるという点では、同一に帰着する（後出の非嫡出子相続分差別事件最高裁大法廷決定の可部補足意見も法律婚と一夫一婦制とのつながりを強調する）。すなわち、①で一夫一婦制に反する重婚が法的には不可能になるとともに、②で法律婚をした一夫一婦制の家庭に特別の保護を与えることで、一夫一婦制が事実上も促進されることになるのである。

それでは、以上のような意義を有すると解される法律婚を保護する目的で、立法者が本問A～Cの立法措置を講じることは、それぞれ合憲か違憲か。またその理由はなに故か。

Ⅱ　非嫡出子相続分差別事件最高裁大法廷決定とその検討

(1)　多数意見

非嫡出子の相続分を嫡出子の二分の一と定める民法九〇〇条四号但書につき、最高裁大法廷決定（平成七年七月五日民集四九巻七号一七八九頁）の多数意見は次のように述べた（⑦参照）。当該規定の立法目的は法律婚の尊重と非嫡出子保護の調整をはかることにあり、法律婚主義を採用するからには、その調整の結果、嫡出子と非嫡出子との間に差が生じるのはやむをえない、非嫡出子の相続分を二分の一としたことは、立法目的との関連において著しく不合理とはいえない、と。

また、同意見の補足意見である可部裁判官の意見は、法律婚主義を採用する以上、法定相続分の格差はその論理的帰結であるという。

これに対して、同じく補足意見である大西意見（園部裁判官同調）、ならびに千種・河合意見はいずれも、当該規定の合理性はもはや疑わしくなっていることを認めながら、国会での立法作業を通じて親族・相続制度全体を視野に入れた総合的検討がなされるべきであるとして、合憲との結論に達している。

(2)　反対意見（中島、大野、高橋、尾崎、遠藤裁判官）

五裁判官は次のように主張した。当該規定は単なる財産的利益の問題ではなく、①非嫡出子を婚姻家族に属さないという属性でみるのか、②それとも被相続人の子という点では嫡出子と平等であるという個人としての立場を重視するのかが問われているのである。

それゆえ、立法目的自体の合理性、ならびに立法目的とそれを実現するための手段との間の実質的関連性については、より強い合理性の存否が検討されねばならない。

しかしながら、多数意見は①の観点に立ち、そこに区別の根拠を見出しているが、相続における個人の尊厳をうたう二四条二項からすれば②が要請され、①は憲法の趣旨と相容れない。出生について責任があるのは被相続人であって、「出生について何の責任も負わない非嫡出子をそのことを理由に法律上差別することは、婚姻の尊重・保護という立法目的の枠を超えるものであり、立法目的と手段との実質的関連性は認められず合理的であるということはできないのである」。それ故、「より強い合理性」の有無を判断するまでもなく、本件においては単なる合理性さえ存在していない。

(3)　評　価

多数意見は、民法右条項の立法目的は法律婚の保護と非嫡出子保護の調整であるという。しかしながら、非嫡出子が保護されながらも嫡出子と対等とされなかったのは、法律婚の保護のために他ならないのであるから、結局多数意見は相続分で格差を設けることの立法目的が法律婚の保護のみにあることを認めているのである。可部意見にいたっては、格差は法律婚主義の論理的帰結であるとまでいう。

しかしながら、法律婚主義、すなわち一夫一婦制の保護は、いかなる手段を用いてでも実現されるべき絶対的価値ではない。憲法二四条は法律婚の尊重を意図していようが、同時に家族生活および相続における個人の尊厳を強調しており、個人の尊厳を犠牲にしてでも法律婚を保護すべきであるという趣旨を同条から読み取るのは無理である。それゆえ、法律婚の尊重という立法目的そのものは合憲であるものの、それを実現する手段が個人の尊厳を否定するものであることは許されないと解されよう。反対意見を妥当と考える。ただし、反対意見を目的合憲、手段違憲とするものと解するのか、それとも一種の目的違憲判決とみるのかは、解釈が分かれてきうるところである（後述）。

Ⅲ　検　討

(1)　Ａの場合

Ａは、民法九〇〇条四号但書をさらに極端に改正する措置である。Ａにおいてはもはや、非嫡出子の保護という立法目的は消滅し、法律婚の保護だけが唯一の立法目的とされている。そうであっても、当該立法目的はそれ自体としては目的違憲となるものではない。

そこで手段の是非であるが、最高裁決定の多数意見と少数意見とで、民法九〇〇条四号但書という手段の合憲性を検討する際の仕方に相違があることを想起しよう。すなわち、多数意見は当該手段が目的達成手段として著しく合理性を欠いているかを問題とした。その結果、手段合憲という結論に達したのである。

Ａにつき多数意見の立場であれば、Ａの場合非嫡出子の保護が目的から除かれている以上、非嫡出子の相続分はゼロでも合憲となろう。

これに対して少数意見は、(イ)当該手段が二四条二項に違反するうえに、(ロ)目的達成のためには的外れであることを説き、以上から目的と手段との実質的関連性を否定した。(イ)は手段そのものが憲法の禁止するところに抵触し、例外的に当該手段を正当化するだけの立法目的も存在しないとするものであろう。また(ロ)は、法律婚を守らなかった被相続人が死亡したあとで、責任のない非嫡出子に不利益を課しても立法目的はおよそ実現されないことから、法律婚の保護という立法目的によって非嫡出子相続分差別を正当化することは不可能であるとするものである。(イ)(ロ)いずれの点においても、手段が目的とバランスを欠いているという意味での手段違憲判決とは似て非なるものである。むしろ、手段を正当化しうる立法目的が存在しないことを違憲性の決め手とするものであり、目的違憲の一種といえるであろう。

Aについても、最高裁決定少数意見と同様、目的違憲とすべきであろうと考える。

(2)　Ｂの場合

すでに述べたように、法律婚の保護には、①届出婚の督励と、②法律婚に基づく家族関係の保護とが含まれると解される。Ｂはこのうち①に係わる。①の側面は立法目的として合憲であるといえる。①の意義は前述のように、重婚禁止などの婚姻要件の国家によるチェックが可能であり、一夫一婦制に役立つということにある。ペーパー離婚は法律婚解消の届出をしながら、事実婚は存続させるというものであるから、実体を伴なった届出とはいえない。そこで、前婚が事実婚として継続しているにもかかわらず、再婚の届出が可能となるなど一夫一婦制を損なう可能性を有している。それゆえ、ペーパー離婚は①の意味での法律婚主義（事実婚の状態にある者は、法律婚の届出をなすべきである）に違背する。

しかしながら他方、夫婦別姓を現行法の下で実現するなどの目的で法律婚を解消し事実婚を選択することには、ライフスタイルの自己決定権の行使という面がある。純粋に私事のみにかかわる事柄についての自己決定権の行使であれば、規制はつねに違憲であるようにも思われるが、ペーパー離婚は国家による婚姻条件のチェック作用や結婚状態の社会的公示機能を不可能とするものである。そして、これらの届出婚の機能は、二四条も前提とすると考えられる一夫一婦制の維持のためのものなのである。それゆえ、ペーパー離婚はやむにやまれぬ政府利益を侵害するものとして、その規制が合憲的になされうると考える。

次に手段として罰金刑が相当といえるかであるが、刑罰という点では重いものの、たとえば協議離婚を廃止し、家裁がつねに実体審査をしてはじめて離婚が許可される仕組みなどと比較すれば、罰金刑ならば必要最小限度の規制ということも不可能ではないように思われる。

(3)　Ｃの場合

二四条は、婚姻を両性の合意のみによって成立するものとしているが、婚姻によって実際に形成された家族関係もまた二四条の保護の射程に入ってこよう。それゆえ、法律婚の意義のうちの②法律婚による家族関係の保護もまた、二四条によって意図されていると解される。右の②の意味での法律婚の保護も、立法目的として合憲であるといえる。いわゆる不倫は法律婚による家族関係を損ないかねないものであるから（裁判離婚の理由ともなる。民法七七〇条一項一号）、これを罰金刑で取り締まることも、法律婚の保護という立法目的との間に実質的関連性を有するようにも見える。

しかしながら、法律婚の保護を二四条のうちに位置付ける場合、考慮する必要があるのは、法律婚もまた両性の「本質的合意」に基づいたものである以上、両性の婚姻継続の基本的合意がくずれている場合には、法律婚を継続し婚姻外の関係を抑圧することに対して憲法上の基礎付けは存在しない（二四条は破綻主義に親和的である）ということである。つまり、実質的に崩壊している婚姻関係においては、②の意味での法律婚の保護という立法目的は既にその対象を失っているのだから、このような法律婚の保護はもはや妥当な立法目的とはいいがたいのである。それゆえ、Cの場合には、法律婚の保護と不倫行為の禁圧とを衡量するまでもなく、目的違憲との結論を出すことも可能であろう。

また、不倫行為といえども、個人の性的結合の自由として、性的自己決定権（一三条）のうちに含めて捉えることが可能である。さらに、不倫の両当事者の事実婚に向けた合意も、既存の婚姻関係が解消されれば新たな法律婚の前提となりうる。それゆえ、手段審査基準として必要最小限度の基準を立てた場合、罰金刑に処すのは手段違憲といえるであろう。

■ 参考文献 ■

西原道雄「非嫡出子の相続分を定めた民法九〇〇条四号但書の合憲性」リマークス一九九二（下）九六頁以下

棟居快行「非嫡出子の相続分を定めた民法九〇〇条四号但書の合憲性」平成三年度重判解二二頁以下

米倉明「非嫡出子の法定相続分差別は違憲か」法セミ一九九五年一〇月号四頁以下

19 生存権

Y市に居住する老人Xは、介護の必要性が高いと考えられる自分が市に申請してもヘルパーの派遣を受けられないのは憲法二五条に違反すると主張し、Y市を相手取り、ヘルパーの派遣を求める給付訴訟を提起した。Xの主張は憲法上の根拠を有するか。なお、介護保険法等の実定法上の制度は度外視せよ。

論点

1　二五条の法的権利性
2　二五条の裁判上の実現

Ⅰ　問題の所在

ヘルパーの派遣という特定のサービスの給付を求める具体的請求権が、憲法二五条だけからストレートに導き出せるかという問題である。これは直接には二五条一項の法的権利性という問題であるが、大局的に見れば人権の裁判上の救済という観点からの論点である。

II 生存権の法的権利性

生存権の法的権利性については、周知のごとく、否定説であるプログラム規定説と、肯定説である法的権利説とが対立する。後者はさらに、抽象的権利説（通説）と具体的権利説（少数説）とに分かれる。本問の設例である、具体的給付を裁判上請求することが可能かという問題については、プログラム規定説をとれば、二五条一項は立法指針にすぎないから、福祉立法がなくとも違憲とはならず、同条同項から具体的請求権が発生することもない。

法的権利説のうちでも、通説である抽象的権利説は、生存権立法が「健康で文化的な最低限度」といえない場合には違憲となること、現行の生存権立法の水準が「健康で文化的な最低限度」の具体的内容をなし、その限度で生存権が具体的権利となりうることを説くものである（参照、芦部・憲法二四四頁）。すなわち、抽象的権利説に立てば、本問設例の場合に具体的立法がないにも係わらず裁判上の請求をすることは不可能である。

これに対して具体的権利説は、その名称からすれば、本問の場合に裁判上の請求を認めるもののように見える。しかしながら、実際には同説は、「健康で文化的な最低限度」の水準が立法で実現されていない場合には、立法不作為の違憲性を確認することが出来るというにとどまる（大須賀・後掲七一頁以下）。その理由としては、二五条一項は行政権を拘束するほどには明確ではないが、立法府を拘束するほどには明確であるというのである。同説に立っても、設例の裁判上の請求はできないことになる。

「健康で文化的な最低限度」の概念が不確定概念であり、その具体化は憲法により立法者に託されていると解されることや、国の財政事情にも規定されざるをえないことなどから、抽象的権利説が支持される。

生存権の法的権利性については、二五条一項は立法指針にすぎず個々の国民に裁判上請求可能な具体的権利を付与するものではないとするプログラム規定説が伝統的見解である。朝日訴訟最高裁大法廷判決（昭和四二年五月二四日民集二一巻五号一〇四三頁）は同説に近い。

今日の通説は抽象的権利説であり、二五条一項それ自体が裁判上実現可能な具体的権利とはいえないものの、「憲法と生活保護法とを一体として捉え、生存権の具体的権利性を論ずることも許される」（芦部・憲法二四四頁）と主張する。生活保護法などの福祉立法の解釈指針として二五条一項が機能することによって、法体系全体としては具体的権利が発生しており、その水準の切り下げ（制度の後退）は違憲となるという帰結が得られる。

具体的権利説は、その名のイメージとは異なり、二五条一項の要請を満たさない施策については立法不作為の違憲確認判決が得られる、ということにとどまる。

Ⅲ　二五条の救済

それでは、二五条の具体的権利性を否定してきた従来の見解はどのようなものであり、どこに問題があるといえるのか。主に判例からその根拠を取り出してみる。

生存権の裁判規範性が十分には認められないことの根拠として、通常挙げられるのは次の諸点である。

第一に、「健康で文化的な最低限度の生活」とは、時代や社会通念によって変化し、法解釈によっては具体的内容を読み取ることのできない不確定概念であって、その具体化は国会・内閣に委ねられている（不確定概念性）。

第二に、生存権の立法による具体化は、高度の政策的・専門技術的判断を必要とするから、著しく合理性を欠くことが明らかな場合の他は、裁判所は生存権立法の具体的内容の合憲性を審査する能力を有さない（審査不適合性）。

第三に、生存権を具体的に実現するためには国（立法・行政）の積極的作為が必要であるが、いかに生存権を実現するかという作為方法は一義的ではなく、その選択権限は国（立法・行政）にあるから、裁判所が一つの作為方法を特定することは許されない（作為方法不特定性）。

第四に、生存権を具体的に実現するためには予算を伴う必要があるが、国の財政には限界があるとともに、予算の成立権限は財政民主主義の下では国会にある（予算随伴性）。

右の第一と第二は近接するが、第一は生存権の内容の可変性・不確定性についてであり、第二は生存権の具体化が専門技術的・政策的作業であるから、法解釈機関である裁判所には審査能力がない、というのである。前者は生存権の規範内容についての指摘であり、後者は権力分立論ならびに司法権の限界論からの指摘であるから、区別することが可能である。また、第一と第二とが生存権の内容に関する指摘であるのに対して、第三はその実現方法の多様性についての指摘である。また第四は、国会の政策的判断権に言及するかぎりで第二と共通するが、国会の政策的判断権を認める根拠の点で異なる。

第一の不確定概念性の指摘には、次のように反論することが可能である。すなわち、不確定概念性それ自体は認めるとしても、不確定なのは「健康で文化的な最低限度の生活」が正確にどの水準かであって、時代や社会通念から、ごく大まかなラインを引くことは不可能ではない。たとえばホームレスの生活や電気も水道もない生活は、今日では「健康で文化的な最低限度」以下だろう。このように、確実に「健康で文化的な最低限度」以下だといえる生活水準は存在するのである。そのような水準にあえぐ国民が、「最低限度」に至らない範囲で、わずかな給付を求める場合には、「健康で文化的な最低限度」の不確定概念性を理由として、生存権の裁判規範性を否定することはできないはずである。

すなわち、きっかり「健康で文化的な最低限度」の生活水準の給付を裁判所が判決で認めることはできないとしても、原告が「健康で文化的な最低限度」以下であることが明らかである範囲内の給付に限定して請求してきた場合には、その限りでは生存権の裁判規範性を肯定することが出来ると考える。

第二に、生存権を実現する立法の具体的内容の合憲性の判断は、専門技術的・政策的考慮を要するから、原則として立法者の専権事項に属し、裁判所の司法審査になじまない、という主張はどうであろうか。

生存権立法が、専門技術的・政策的考慮のうえに初めてなされうるのは確かである。しかしながら、すべての立法は、大なり小なり立法者の専門技術的判断と政策的意図のうえに成り立っている。そもそも司法審査とは、立法者のかような専門技術的・政策的、すなわち非・法的判断に対して、憲法規範に照らした法的審査を行なうことである。その際、裁判所は、立法者が行なった判断が、専門技術的ないし政策的にみて適当であったかを審査するわけではない。裁判所の審査は、立法者がなんらかの専門技術的・政策的考慮のすえに、「健康で文化的な最低限度」と客観的にいいうる生活水準（それが客観的に存在しうることは既に述べた）を実現したのかどうかだけを対象とすればよいのである。このような判断が司法権になじまないとは考えられない。

Ⅳ　生存権の具体的内容

それでは第三に、生存権の実現には様々な方法があり、その選択権限は立法者やその委任を受けた行政にあるから、裁判所は国民からの給付の訴えに対して特定の給付方法や金額を明示して原告勝訴の判決を下すわけにはいかない、という主張はどうであろうか。

表現の自由のような自由権においては、その裁判上の救済は侵害行為の差止めや除去という一義的な方法によって達成される。これに対して、生存権のように国の積極的作為を待って初めて実現される作為請求権の場合には、救済方法は一義的とはいえない。原告国民が金銭給付を求めていても、立法者としては困窮者救済のための施設づくりや食料品など生活必需品の現物給付によって生存権を実現しようとするかもしれない。これらの措置も、二五条の要請を満たすのである。

以上のように、国側には生存権を具体的にどのように実現するか（How）についての広範な裁量の余地が残されている。しかしながら、この点は、生存権をそもそも実現するのかしないのか（If）という点とは区別すべきである。国側には前者の裁量はあっても、後者の裁量はない。生存権はどのみち実現されなければならないのである。

しかしながら以上の理屈は、本問のXのようにヘルパー派遣という具体的請求を行なうことの手助けにはなりえない。なぜなら、給付内容としての具体的な現物やサービスの給付内容については、生存権は本来作為方法が不特定なのだからという原則論が妥当し、そのような給付を認容する判決は国側の選択権を不当に奪うもので許されないと考えるべきであろう。当該の現物等の具体的給付がなされれば生存権が実現されるのだとしても（これは原告勝訴判決の当然の要件である）、逆に当該給付がなされなければ生存権がおよそ実現されないとは限らないからである。生存権を実現する方法は通常の場合は常に複数あり、そのうちどれか一つを排他的に特定する権限は原告にも裁判所にもない。その限りでは、作為方法不特定性の主張はもっともである。

ただし、Xが自宅に在宅して介護を受けなければならない必然性があると立証しうるような特別の場合であれば、実際にはY市の側の作為方法は一義的といいうるのであろう。本件ではこの点が最大の争点になろう。

なお、第四に、生存権の具体的実現は予算を必要とし、裁判による給付判決は財政を圧迫するとともに財政民主主義にももとる、という指摘はどうであろうか。

財政を圧迫するからという理由で、生存権の具体的権利性が否定されるのでは、生存権を人権として保障したことの意味が没却されてしまう。なぜなら、人権とは、他人の人権や尊厳に還元されないような社会一般の経済的コストや多数派の好みだけを理由としては制約されない基本的権利のことだからである（朝日訴訟一審東京地裁判決昭和三五年一〇月一九日行集一一巻一〇号二九二二頁参照）。

Ⅴ　検　　討

以上に主にプログラム規定説に即して、二五条の具体的権利性を否定する見解を検討した。プログラム説と区別されるものに、もちろん通説である抽象的権利説がある。同説は、二五条一項だけからは具体的請求権は出てこないが、同条項が生活保護法などによって具体化されている場合には憲法と生活保護法を一体として捉え、生存権の具体的権利性を論ずることが可能となるという。

そこで同説なら、本問XはY市がXと同程度かそれ以上に必要度の高い要介護老人に一律にヘルパーを派遣している場合には、すでにヘルパー派遣制度が二五条の具体的内容を形成しており、Xも利用可能な具体的請求権が発生しているという見解を唱えることが可能になろう。この場合Xとしては、現に派遣を受けている第三者が単なる幸運な例外ではなく、Y市の一般的なケースなのだということを論証しなければならないことになるのは当然である。

▩ 参考文献 ▩

芦部・憲法二四四頁以下

大須賀明『生存権論』(一九八四年、日本評論社)

野中ほか・憲法Ⅰ四六五頁以下 〔野中俊彦〕

II

統治機構

20 象徴天皇制

大日本帝国憲法（明治憲法）と日本国憲法との間には、憲法制定権力という憲法典の基礎の点で断絶があり両者は連続していない、などと説かれる。この見解を前提として、天皇の「お言葉」の合憲性を論じよ。

論点

1 連続と断絶
2 公的行為としての合憲性

I 問題の所在

日本国憲法は形式的には大日本帝国憲法の改正手続を踏んでいるが、大日本帝国憲法と日本国憲法とでは、主権原理という憲法の最重要の点で異なっている。大日本帝国憲法の改正条項を用いて、憲法改正の裁可権者（決定権者）である天皇が自らの主権を放棄し、国民主権憲法の制定を公布することがそもそも法理論的に可能であったのか。

この点は憲法改正の内容的限界の問題であり、一般論としては、憲法の同一性を損なうような大改正は改正権限を超えており、改正手続によっても許されないと解されている（改正限界説）。そこで日本国憲法無効論という異説も戦後唱えられたが、今日では無条件降伏と同時に大日本帝国憲法体制は崩壊したと説く八月革命説（八・一五革命説）によって、そもそも日本国憲法制定時には既に天皇主権ならびに大日本帝国憲法全体が実効性を失っていたのだと考えられている。

それ故、日本国憲法制定時にはもはや大日本帝国憲法は実効性を有していなかったのであり、にもかかわらず大日本帝国憲法の改正という体裁がとられたのは、もっぱら国民に対して体制の連続性を演出するためであった（そのことが、日本政府にも占領軍にも好都合であった）。

八月革命説が説くように、大日本帝国憲法と日本国憲法とは連続性を有さず両者の間には断絶がある。このことは、大日本帝国憲法においては主権の保持者であった天皇の位置付けにおいても同様である。すなわち、日本国憲法が第一条で「日本国の象徴であり国民統合の象徴」と位置付ける天皇（いわゆる象徴天皇制）は、国家の統治権の総覧者（大日本帝国憲法第四条）であった天皇とは名前のみを共有し、実体としては全く別個の新しい存在である。

象徴天皇は、それまでの主権者天皇が有していた政治的権能をもはや有しないだけでなく、「万世一系」の天皇が有していた文化的権威（これは血統崇拝や国家神道に支えられていた）をも継受していない。日本国憲法下での天皇制は血統崇拝や神話によってでなく、「主権の存する日本国民の総意」（一条）に基づくものとされているのであり、戦後の象徴天皇制は戦前と同一の血統の皇族に担われているものの国民主権の下で構築された全く新しい制度である。

II 国事行為

象徴天皇制においては、天皇は政治に関与する権限を有しない（四条一項）。一条が象徴天皇制と国民主権とを同時に定めていることに表れているように、象徴天皇制とは、国民が主権者として全ての政治的権力を独占しその反面として天皇がもはや一切の政治的権力を有しないのだ、というネガティブな内容の制度である。この大前提のうえで憲法は、六条、七条において列挙された一定の政治的な事柄（国事行為）について内閣の助言と承認という厳しいコントロールの下で天皇の儀礼的な役割を定めている。なお、「助言と承認」は事前・事後に別々になされる必要はなく、要するに内閣が完全にコントロール出来ればよいのであるから、一体として事前になされればよい。

III 公的行為

天皇が儀礼的な国事行為においてのみ政治に関与しうるという仕組みからすれば、国事行為は限定列挙であり、その他の事項で天皇が政治に関与することは許されないことになりそうである。しかしながら、実際には天皇は国会開会の冒頭で「お言葉」を述べ、外国元首の接受の席上で、あるいは自らの外遊のレセプションの際に、わが国の過去の戦争を遺憾であるとするなどの政治的発言を行なっている。これらはいうまでもなく全て内閣の「助言と承認」を経ているのであるが、国事行為に含まれないが公的性格を有する行為であることから合憲といいうるのかが、問題となる。

第一説は、天皇がなしうる公的行為は列挙された国事行為だけであり、天皇が個人として私的行為をなしうるのは当然として国事行為にあらざる公的行為が許される余地はない、と説く（二行為説）。ただしこの説の場合にも、たとえば国会での「お言葉」は国会の召集（七条二号）に、外国訪問の際の「お言葉」は「儀式を行うこと」（同条一〇号）にそれぞれ準じるものとして（準国事行為）、合憲とする余地も残されている。

第二説は、国事行為、私的行為とならぶ第三の行為類型として公的行為が許されると説く（三行為説）。もちろん、内閣の助言と承認という要請はこの類型の行為にも及ぶとする。この立場からは、「お言葉」は当然に合憲となる。通説である。

第二説の論拠としては、天皇の象徴的地位を引き合いに出すもの（象徴的行為説）と公人的地位を引き合いに出すもの（公人的行為説）とがある。前者は、象徴天皇であるという地位に伴い、国事行為以外の公的行為を行なうことが象徴天皇制において当然に予定されているという。後者は、内閣総理大臣、最高裁長官等全ての公的地位に立つ者がその権限に属する行為ではないが社交上要請されそれを行なえば公務と見なされるような行為（公人的行為）を行なっているとし、天皇も同様にその公的地位に伴い国事行為以外の行為を社交上行なえば、それは私的行為ではなく公的行為と評価されるのであるという。

第一説は、公的行為という第三類型を無理に認めることなく、他方で「お言葉」のような習律化した行為にかぎり厳密には国事行為に該当しなくても合憲としうる可能性を有する。しかしながら、列挙された国事行為はいずれも限定列挙であり、また本来的には君主権に属していたような重大な事項が列挙されているのであるから、それぞれ安易に拡大解釈されるべきものではない。

第二説は、何故に公的行為という第三の類型が成立するのかの説明が十分とはいいがたい。「天皇は、この憲法に定める国事に関する行為のみを行ひ、国政に関する権能を有しない」（四条一項）という明文からすれば、国事行為以外の公的行為は否定されていると考えるのが素直な解釈である。たとえば外国元首のレセプションにおける「お言葉」は、相手側から見れば内容次第では天皇が政治権力を行使しているように映るであろう。

また、第二説のうち象徴的行為説には次のような問題がある。天皇は国事行為を行なっていようが私的行為を行なっていようが常に象徴なのである。すなわち、国家機関としての天皇がその公務（国事行為）を行なっているかそれともその他の私的行為を行なっているかという行為類型のレベルとは別の次元で、天皇の行なう行為はすべて象徴的行為である。ということは、天皇が象徴的地位を有するからといってそのことから公的行為という第三の行為類型が導き出されるわけではないことになる。

さらに第二説のうち、公人的行為説については次のような問題がある。すなわち、内閣総理大臣や最高裁長官が法令上一定の実質的権限を有し、その権限行使のうえで必要となる他の国家機関等との交際もまた実質的権限に付随する負担といいうるのに対して、天皇の場合にはそもそも実質的権限を一切有しておらず形式的な国事行為をなしうるのみである。天皇には、国事行為を行なう（天皇はこのことに責任を負っていない）ことに付随して他の国家機関等と社交上の交際を行なう必要は全くないから、内閣総理大臣等と並べて論じること自体が的外れである。

Ⅳ 検　討

要するに、国事行為を厳格に解しかつ国事行為以外の公的行為を認めないという立場（厳格な二行為説）が妥当であろう。すなわち「お言葉」は違憲というべきである。以上に反して「お言葉」合憲説が有力であるが、理由付けのいかんを問わずその根底には前述の八・一五前後の「連続」を肯定する発想が潜んでいる。天皇が本来（戦前から）有している政治的権能を「国事行為」の列挙によって日本国憲法が抑え込んでいると考えるからこそ、あれこれの理由をつけて天皇の公的行為を認めようとすることになるのである。

なお、天皇の外国訪問に際してのレセプションでの「お言葉」につき、三行為説の「お言葉」合憲説を前提としながら、政治的内容にわたることは天皇の政治利用につながり象徴天皇制に反するから憲法上許されない、とする見解が有力に唱えられている。政府もこのような見解を採用して過去にアジア諸国での天皇の謝罪の「お言葉」を回避してきた。

しかしながら、右の見解は自己矛盾を犯していよう。なぜなら三行為説は、国事行為にあらざる公的行為をそれが本来政治的性格を有することを承知のうえで認めているのである。国事行為のような限定列挙が公的行為についてはありえない以上、公的行為を縛るのはその都度の内閣による助言と承認というコントロールのみである。

すなわち大日本帝国憲法との「断絶」を前提として日本国憲法につき三行為説をとる以上、公的行為には内容的な限界は何も存しない。公的行為として天皇が行なう行為のなかには元来きわめて政治的性格が高いものが含まれうるが、その高い政治性は全て内閣の実質的判断によって確保されるのであって、天皇に残されているのは内閣の実質的判断に形式的な装いを凝らすことだけである。このように三行為説は、国事行為のように事項的な限定がないところの公的行為という行為類型を認める代わりに、内閣の助言と承認という手続的統制によって公的行為の内容の妥当性を担保しようとするのである。そうであれば三行為説からは、天皇の政治利用は禁じられるといった内容的限界論は本来出てこないはずなのである。

なお、政治利用をしないという観点から天皇に謝罪等についての言及のない「お言葉」を述べさせることは、それはそれで政治的インパクトを有する措置であって天皇の沈黙が持つ一種の政治的効果を狙った政治利用に他ならない点にも注意すべきである。

参考文献

芦部・憲法五一頁以下
野中ほか・憲法Ⅰ一三三頁以下
〔高橋和之〕

21 政　党①

国会議員を擁する政党Aは直接民主制の導入を党の綱領としているが、当該綱領を自ら実行するため次のような条項を含む党規約を制定した。

(1) 党は、次回国政選挙まで選挙公約を変更することができない。

(2) 所属議員は党の決議（党議）に拘束され、議員が国会において党議に反する議決を行なった場合には当人は党執行部により当然に除名される。

(3) のみならず、党議違反の議員に対して党は、党としての信用を失墜したことに基づき損害賠償請求訴訟を提起する。

右の党規約を論評せよ。また、右党規約と同様の内容の党規約を有することを政党助成金の交付の条件とする「政党法」（仮称）が制定されたとして、同法の合憲性にもあわせて触れよ。

論点

1　自由委任・命令委任

2　党規約の限界
3　政党法の限界

I　問題の所在

国会議員は一人ずつが「全国民の代表」（憲法四三条一項）であるとされる。この規定の背後には代表制についての「純粋代表」という考え方があり、また、議員と選挙民との関係についての「自由委任」という考え方がある。このような建前の下で、政党と選挙民との公約に政党所属議員が党議拘束によって縛られ、事実上議員が選挙民の意思に拘束されるという事態が生じている。本問党規約および「政党法」は、このような現実に対応するものであるが、はたして憲法の建前である「自由委任」という理念に合致するといえるであろうか。

II　概念の整理

純粋代表とは、議員は選挙区選挙民など自分を支持する有権者の法的な代理人ではなく、むしろ抽象概念としての「全国民」の代表者であるということを言い表している。直接民主制的要素をおよそ含まない、その意味で純粋の代表民主制の下での議員の性格づけといえる。

また自由委任とは、議員は選挙区選挙民などと選挙公約をめぐって法的な契約関係にあるのではなく、国会では自己の政治信条のみに忠実に活動する自由を有していることを意味している。自由委任の逆がいわゆる「命令委任」であり、その考え方によれば、選挙民と議員との間で選挙公約を内容とする一種の法的契約関係があり、選挙民は契約の解除のように公約違反の国会活動をした議員をリコール（解職請求）するなどが出来るという。

さて、一九世紀を通じての普通選挙権の拡大と政党政治の進展は、自由委任という建前のなかで直接民主制・命令委任という方向へと現実を動かした。すなわち、政党が党議拘束によって所属議員を強く縛り、選挙民と政党とは（法的な効力はないまでも）強固な事実上の拘束力を有する選挙公約によって結びつけられている結果として、選挙民が政党を媒介として議員に強い拘束力を及ぼしうることになったのである。このように、純粋代表から直接民主制へという移行期の時代における代表制論を「半代表」と呼び、従来の建前に直接民主制の発想を少しずつ取り込むことが、現下の課題とされている。

III　党規約の限界

もはや純粋代表ではなく半代表であるといわれる政党政治の今日、具体的にどこまで命令委任的な制度を取り入れることが可能かが問題となる。この点については、正面から選挙民に議員に対する法的拘束力を付与することは、命令委任そのものとなることから許されないと考えられている。純粋代表の建前のままで、政党による所属議員に対する事実上の政治的拘束力を通じて個々の議員が事実的・間接的に選挙民に拘束されるというのが現状においては好ましい姿とされるのである。

本問のA党は、直接民主制の導入を党綱領に掲げ、自ら実行するために本問の三つの党規約を制定したのである。これらはそれぞれ次のように評価出来よう。

(1)は、選挙公約をあたかも選挙民と党ないし議員との契約のように捉える立場を前提としており、自由委任という建前に反する。

(2)は、政党を離脱しては選挙で再選されることが著しく困難である以上、個々の議員に党議拘束を法的拘束と同じくらい強力に強制するものであり、これも自由委任という建前に反する。

(3)は、個々の議員に対して、政党が選挙民に成り代わって損害賠償という法的責任追及を行なうものといえ、これも自由委任に反する。なお、所属議員の議員としての活動に対しては一切の法的責任が問われないという免責特権（五一条）が認められるから、この点で既にたとえこのような党規約が存在しても当該損害賠償請求訴訟で党が勝つことは出来ない。免責特権の制度は、それ自体自由委任の建前の証左の一つとされるものであるから、免責特権に触れるということと自由委任に反するということとは、この場合にはほぼ等しい。なお、免責特権といえども議員が職務と無関係にあえて虚偽の事実を摘示するような殊更な名誉毀損的表現の場合などに例外的に法的責任追及に服するという考え方もありうるが（参照、最高裁判決平成九年九月九日民集五一巻八号三八五〇頁）、右党規約(3)が予定するのは党議違反というだけで損害賠償請求訴訟を提起するということであるから、免責特権が一〇〇パーセント妥当する場合にあたる。

以上のように、右の党規約はいずれも自由委任という憲法の建前と整合せず、また(3)については免責特権という憲法の明文の規定の精神にも反する。

しかしながら他方で、A党など政党はあくまで任意に結成された結社であり憲法上は二一条に根拠を有するにすぎない。その内部事項については部分社会の法理が妥当し、基本的に司法審査になじまないとされる（富山大学単位不認定事件最高裁判決昭和五二年三月一五日民集三一巻二号二三四頁）。また実体的にも、いかなる党規約を掲げるかは結社の自由の保障するところであり、内在的制約に服すべき場合以外は基本的に自由である。それ故、本問党規約はそれ自体としては自由委任等の憲法上の原則に反していてもなお有効というべきであろうと考えられる。

IV 「政党法」について

本問党規約と同様の規約を有することを政党助成金の交付の条件とする「政党法」もまた、IIIで党規約について述べたように自由委任という建前に反するものというべきである。（公選法等の規定の問題につき本書㉒講）法律が自由委任という憲法上の建前に反している場合には、当該法律は違憲無効である。(3)に対応する「政党法」の規定についてはさらに免責特権という明文規定にも反している。

なお、政党活動にとって政党助成金はきわめて重要であるところ、「政党法」のように助成金交付の条件として右記の実質的要件を課すことは、それ自体政党が任意団体として構成員の政治信条に基づき自由に活動することを妨げるものである。政党の発展段階についてのいわゆるトリーペル説によれば（参照、㉒講）、日本国憲法における政党の位置付けは第三段階（承認と合法化の段階）にあり、第四段階（憲法的編入）の段階にはない。第四段階に至れば公的機関の一つとして政党に議会制民主主義のなかで積極的な役割をあてがうために党規約の内容に及ぶ規制を加えることも可能となるが、第三段階ではこのような規制は結社の自由の侵害と評価されるのである。

■ 参考文献 ■

芦部・憲法二六四頁以下

野中ほか・憲法II四八頁以下〔高見勝利〕

22 政　党 ②

次のような規定X条を含む「政党法」が制定されたとして、政党の憲法上の位置付けに照らしてX条は合憲か。

X条

第一項　議院に議席を有する政党は、所属議員に対する党役職の解任など、内部規律権を行使する場合には、民主的な手続に則って当該内部処分を行なわなければならない。

第二項　当該処分を受けた議員は、当該処分が非民主的手続によって行なわれたと考える場合には、各議院に再審査を申し立てることができ、各議院は当該処分が非民主的手続に則って下されたものと認めるときには、議決により当該処分を取消すことができる。

■論点
1　政党の憲法上の位置付け
2　代表制

Ⅰ　問題の所在

いわゆる八幡製鉄事件最高裁大法廷判決（昭和四五年六月二四日民集二四巻六号六二五頁）は、「憲法は政党について規定するところがなく、これに特別の地位を与えてはいないのであるが、……憲法は、政党の存在を当然に予定しているものというべきであり、政党は議会制民主主義を支える不可欠の要素である、とした。さらに、いわゆる共産党袴田事件最高裁判決（昭和六三年一二月二〇日判時一三〇七号一一三頁）は、「政党は、政治上の信条、意見等を共通にする者が任意に結成する政治結社であって、内部的には通常、自律的規範を有し、その……党員に対して政治的忠誠を要求したり、一定の統制を施すなどの自治機能を有するものであり、国民がその政治的意思を国政に反映させ実現させるための最も有効な媒体であって、議会制民主主義を支える上においてきわめて重要な存在であるということができる」としている。

要するに、政党は結社の自由に基づく任意団体であるが、議会制民主主義にとり必要不可欠な機能を担っている、というのが判例による政党の位置付けといえる。それでは国会に議席を有する政党は、議会制民主主義にふさわしい内部規律を有するべきであるとの観点から、設問法律のような外的強制を加えることは合憲か。政党の憲法上の位置付けとともに、代表制そのものの理解も係わってくる。

II　政党の憲法上の位置付け

政党の憲法上の地位については、歴史的に、①敵視、②無視、③承認および合法化、④憲法的編入、の四段階をたどるとされる（参照、芦部・憲法二六四頁、野中ほか・憲法II四八頁［高見勝利］）。

今日の政党国家は、このうち③もしくは④の段階に到達していることは疑いない。ドイツ憲法（ボン基本法）は、政党を国民の政治的意思形成に協力する存在と位置付け、その内部秩序は「民主的原則」に適合せねばならず、その目的もしくは党員の行為が自由な民主的基本秩序を侵害するなどの場合には憲法裁判所により違憲判決を受けるものとされている。このような位置付けは、既に③の段階から④の段階に移行しつつあるといわれる。

これに対して、日本国憲法は政党に特別の規定を用意することなく、結社の自由（二一条）によってその成立と活動の自由を保障するにとどまる。それ故、日本国憲法における政党の位置付けとしては、③承認および合法化の段階と捉えるのが通説である（野中ほか・憲法II四九頁［高見勝利］）。判例も、既に見たように政党と議会制民主主義の関係を強調しながらも政党を結社の自由に基づく任意団体であると捉えている。

III　代表制の学説

ここで代表制理論を振り返ると、①純粋代表から②半代表を経て③直接民主制へ、という発展段階が説かれ、日本国憲法の現在地点は②半代表であるとされるところである（参照、芦部・憲法二六八頁）。半代表は政党政治の展開を所与の前提としながらも、建前としては「純粋代表」および「自由委任」を維持している。つまり、個々の議員は政党の一員でありながら、具体的な選挙民の「命令委任」には服さず、あくまで「全国民」という抽象的総体を代表する（前文冒頭、四三条、五一条参照）のである。

現実には非常に強力な党議拘束が建前としての自由委任と矛盾するのではないかという点については、通説は「現代の政党国家においては、議員は所属政党の決定に従って行動することによって国民の代表者としての実質を発揮できる」のだから、党議拘束は原則として自由委任と矛盾しないとする。ただし、所属政党の変更の自由を否定したり、党の除名により議員資格を喪失させることは自由委任に反し問題をはらんでいるという（以上、芦部・憲法二六八頁）。なお、以上の理論にもかかわらず、国会法一〇九条の二、公選法九九条の二により、自発的離党か除名かを問わず、比例代表選出議員は所属政党変更により議席を喪失するものとされた。

以上の代表制理論の展開は、政党の発展段階にどのように対応するであろうか。まず、①純粋代表の理念の下では、政党は敵視されることになる。すなわち第一段階である。なぜなら、「議員の独立した判断を拘束する政党の存在それ自体が、代表の理論とは相反するものと目され」たからである（樋口ほか・注釈日本国憲法(下)八六五頁〔樋口陽一〕）。

続いて政党無視の第二段階を過ぎて、②半代表の下では、政党を承認し合法化（法制化）する第三段階に到達する。「実在する民意を反映すべきことが『代表』の要素とされる段階〔半代表＝棟居注〕となり、『民意の伝声管』として、政党が法的に『承認』され」ることとなったのである（同右）。

さらに、③直接民主制の下では、政党は選挙民の意思を国会に伝える公的機関として位置付けられ、憲法の統治機構に組み込まれることになろう。ここで初めて、憲法的編入という第四段階を迎えることになるように思われる。

すなわち、今日の半代表という代表制のあり方に照らせば、政党については承認と法制化の段階でとどまるべきであり、それ以上に政党を公的機関として憲法秩序に編入することは行きすぎというべきであろう。通説は、この点をどう捉えるのか、必ずしも明らかではないが、八幡製鉄事件最高裁判決が「憲法は政党の存在を当然に予定している」と断言したことに対しては、「近代憲法＝議会制の展開史からして、自明のことはいえない」（樋口・憲法三一九頁）という批判がある。

なお、（西）ドイツの政党の位置付けが憲法的編入の方向に進んでいるのは、同国が第二次大戦後に「たたかう民主制」という反共・反ナチズムのイデオロギーを国是とし、自由な政党活動の「承認の段階」をいわば迂回したためであるともいえる。わが国が無批判に政党の憲法的編入に進むお手本とはならない。

IV　検　討

政党が「承認の段階」にあるということは、前述のように政党も一つの任意団体として結社の自由（二一条）によって役割と活動の自由を保障され、それ以上でも以下でもないことを意味する。

それ故、政党がいかに貴重な機能を担っているからといって、「これを国家機関化したり、あるいは特別の制限・禁止対象とすることは許されず、一般の結社の場合と同様……の自由が保障される」のであり、「抽象的要請としては、党内民主主義の確立の要請が憲法上導かれるとみることもできよう」が、

「何らかの強制力を伴う形で公権力が政党の意思形成およびその方法、党役員の選任や党規律などの党内事項に関与することは原則として許されない」(佐藤(幸)・憲法一三一頁)と解される。

設問の政党法は、議院による党内処分の取消しを認める点で、なお「承認の段階」にあるはずである政党の結社の自由を事実上困難にするものである。同法は、日本国憲法のもとで政党がすでに憲法的編入の段階に到達している場合にのみ合憲となろうが、そのように解する根拠は憲法上見当たらない。したがって、設問X条は違憲である。

■参考文献■

芦部・憲法二六四頁以下、二六六頁以下
佐藤(幸)・憲法一三一頁以下
野中ほか・憲法II四五頁以下〔高見勝利〕
樋口・憲法三〇八頁以下

23 国会①

(1)　内閣総理大臣Xは、行政改革を一過的なものとせず、不断に時代の要請に合わせて行政機構の再編を続けるべきであるとの信念から、次のような内容の改正（X案）を国家行政組織法その他関連法規について行ないたいと考えている。このX案は合憲か。政策決定は直接には国民の人権に係わらないが、にもかかわらず法律事項と考えるべきかを中心に論じよ。

「各省庁を政策部門と執行部門とに二分し、政策部門については省庁の存亡も含めて政令で再編しうるものとする。」（注：現行の同法七条四項でも官房、局及び部は政令で定めるものとされている。）

(2)　野党Yは、(1)のX案に対抗して、行政をそのプロセスから国民の監視と統制の下においてこそ行革が真に実現されると主張し、次のような法改正案の提出を準備している。このY案は合憲か。独立行政委員会が六五条に違反しないか、国会による個別の指揮監督が六五条、六六条三項に違反しないかを中心に論じよ。
「各省庁を政策部門と執行部門とに二分し、政策部門については内閣の直接の指揮監督に服さない独立行政委員会に再編し、それぞれの委員会を衆参両院に置かれた常任委員会（国会内の機関）に対応させ（たとえば文教政策については行政委員会である「文教政策委員会」が衆参両院の「文教委員会」に対応する）、後者が前者を個別に指揮監督するものとする。」

論点
1　行政組織と法律事項
2　独立行政委員会の合憲性
3　国会の最高機関性

Ⅰ　問題の所在

(1)では、国家行政組織法上の省庁等の列挙が、必要的法律事項であるのかが問題となっている。省庁の編成もまた法律の留保に服し、法律の規定によらなければならないとすると、法律による政令への委任は、法律の指示する枠組みに従い政令が具体的な細則を定めるような場合にかぎって例外的に許されることになろう。すなわち、白紙委任は許されないわけである。

これに対して、もともと法律事項でないとすれば、それでも法律自身で細かく規定することは法律の優位から当然になしうるところであるが、法律では白紙委任に等しいような規定のされ方であっても、委任立法の限界を超えたとまではいえないであろう（現に、国家行政組織法七条四項においては、官房、局、部の設置及び所掌事務——すなわち官房以下の全ての事柄——について、政令に委ねられているが、白紙委任で違憲だという見解は見あたらない）。

(2)では、省庁の政策部門を国会の委員会の指揮監督に服する独立行政委員会とするというのであるから、独立行政委員会の合憲性（六五条との整合性）が問題となる。六五条については、国会の各委員会が指揮監督権を通じて行政権を直接に行使しうるに等しくなっていることも問題となりうる。さらに、国会の各委員会に個別に従属することから、内閣が連帯して国会に政治責任を負うという議院内閣制の枠組みから逸脱しているともいえ、六六条三項も問題となりうるであろう。

II　法律事項の範囲

四一条は国会を「唯一の立法機関」とするが、国会の専権事項とされた「立法」の守備範囲は必ずしも明らかではない。古典的には「侵害留保説」が説かれ、国民の自由や権利に制約を加える侵害行政には法律の根拠が必要であるとされた。逆にいえば、それ以外の事項は必要的法律事項ではなく、君主の命令という形式で規律することが可能であった。

侵害留保説は、社会国家の登場とともに社会福祉という授益的作用をも必要的法律事項とする「社会留保説」、さらには国民主権の下で一切の国家作用に法律の根拠をもとめる「全部留保説」へと主役の座を譲ってきた。今日では、国民代表機関である国会の制定する法律に一切の国家作用が基礎を置く必要があるという全部留保説が基本的に妥当である。

それ故、国民の自由や権利に制約を及ぼす国家作用が法律の根拠を要するのはもとより、授益的作用においても同様であると解される。これに対して、行政組織の編成といった直接には国民と係わらない国家作用について法律の根拠を要するかが問題となる。文字どおりの全部留保説に立てば、行政組織も主権者国民の意思を代弁する国会の法律に根拠を置くべきことになる。のみならず、国民の権利、自由に係わる法律が白紙委任をしてはならないのと同じように、行政組織に関する法律もまた、政令に対して白紙委任を行なうことは許されないこととなろう。

III　行政組織と法律事項

本問のような行政組織の内部編成（省庁の存亡も行政全体から見れば内部編成の問題である）については、国民主権の時代以降も、必ずしも法律事項であるとは見なされてこなかった。その背景には、内部編成権は行政権の一部であり、それは内閣の専権事項である（六五条および七三条四号参照）という認識があったものと思われる。

しかしながら、純粋な内部編成権が内閣に属すると仮にしても、それでも省庁の存亡という高次の段階から一括して政令に委ねてしまう本問X案のやり方は、やはり法治主義に違背するものであろう。なぜなら、国土交通省や厚生労働省などを例にとれば容易に理解できるようにそれぞれ国民生活と深く結びついており、その存亡は国民の権利、自由に係わるといえるからである。

また、そもそも行政組織の内部編成も含めて全ての国家作用が厳格に法律事項であるとの立場をとれば、国民生活との結びつきの有無にかかわらずX案は違憲であることになる。

IV　独立行政委員会の合憲性

Y案は、政令に依存することなくむしろ国会が積極的に省庁の政策決定をコントロールしようとするものである。ただし、そのやり方は法律できめ細かく行政組織を決めておこうというものではない。省庁の政策決定部門を行政委員会に改組し、それを内閣から独立したいわゆる独立行政委員会に仕立て上げ、かつ国会の各委員会に従属させるというのである。

そこで、まず、独立行政委員会が内閣の指揮命令を受けないことから、六五条に違反するものでないかが問題となる。公正取引委員会や人事院などが独立行政委員会の例であるが、合憲説が通説である。その理由としては、(イ)六五条の趣旨は、議院内閣制の下で国会が内閣を通じて行政各部を民主的にコントロールするために、行政権が内閣に属すべしとしているのであって、国会が直接に行政委員会をコントロールするのであれば内閣の指揮命令に服さなくてよい、(ロ)独立行政委員会も内閣から人事、予算などの点でコントロールを受けている、などが挙げられている。

独立行政委員会は、行政の中立性、専門技術性を確保するために、戦後導入された制度である。日本国憲法は、議院内閣制をとり（六六条三項）、合議体としての内閣が連帯して国会に政治責任を負い（行政各部は直接国会にコントロールされる立場にない）、他方で内閣が解散権という強力な武器を有することで行政の民主的コントロールの要請と中立性・専門技術性の要請とを両立させようとしているものと解される。このような議院内閣制の趣旨からすれば、独立行政委員会は議院内閣制を迂回するものとして違憲ということになろう。

しかしながら、独立行政委員会は国会のコントロールを受ける仕組みになっており、しかも慎重な手続に則り専門家の合議体で意思決定をすることから専門技術性も確保されている。このように独立行政委員会は、議院内閣制のルートによることなく民主制と専門技術性とを両立しうるものといえる。それ故、合憲説が妥当である。

本問Y案は、行政委員会のなかでもとりわけ国会の直接のコントロールを予定した独立行政委員会を創設するものであり、六五条の趣旨である行政の民主的コントロールの要請におよそ反するものではない。

V　国会による行政各部の指揮監督の合憲性

なお、本問Y案は、国会の各委員会に行政委員会の行政作用を個別に指揮監督させることによって、国会自らが行政機関となっているのではないかとの疑念を起こさせるものである。国会は「国権の最高機関」（四一条）とされるが、これは通説によれば政治的美称にとどまり実質的な意味はないとされる（政治的美称説）。少数説はしかしながらそこに実質的意味を見いだし、国会は他の二権をも統括する統括機関であるという（統括機関説）。

なるほど国会は単に立法機関であるだけでなく、議院内閣制のメカニズムを通じて内閣・行政に政治責任の追及という武器でコントロールを及ぼすことが可能である（六六条三項）。しかしながら、議院内閣制はあくまで内閣が自律的に行政各部を指揮監督し（七二条）、国会がそのような内閣を通じて行政各部をコントロールするという仕組みを採用しているのであり、国会による行政各部の直接の指揮監督を予定するものではない。Y案では、国会が自ら行政機関となるに等しく、この点では六五条および六六条三項に違反する。

VI　検　討

X案は、全部留保説をとればもちろん、そうでなくても国民の権利、自由との係わりを念頭に置けば違憲というべきである。またY案は、独立行政委員会を設ける点では合憲といいうるが、国会による直接の指揮監督を許す点で六五条、六六条三項に違反し、結局のところ違憲というべきである。

参考文献

芦部・憲法二六九頁、二七一頁以下

野中ほか・憲法II六二頁以下、七二頁以下〔高見勝利〕、一八八頁以下〔高橋和之〕

24 国　会 ②

国会では独占禁止法を強化すべく、次の二点を柱とする全面的改正を行ない新独禁法を制定したものとする。

(α) 従来の公正取引委員会に代えて、各議院内に独占禁止委員会を設け（国会法も一部改正）、それぞれに独禁法違反の調査権限を与える。

(β) 違反行為が明らかになった場合には、両院の議決により、私的独占や不公正な取引方法の排除措置や課徴金の納付命令を法律の形式で行なうことができる。

右の新法に含まれる憲法上の問題を論じよ。

論点

1 独立行政委員会の合憲性
2 国政調査権の範囲
3 処分的法律の合憲性

I　問題の所在

現行独禁法上の公正取引委員会（以下、「公取」と略称）は、いわゆる独立行政委員会である。公取は、私的独占、不当な取引制限、不公正な取引方法などにつき調査権限を有するとともに、違反行為をするものに対し排除措置や課徴金の納付命令という行政処分を下すことができる（七条、七条の二など）。さらに規則制定などの準立法的性格、審判・審決などの準司法的性格をも併せもつ。

本問の新独禁法は、以上のような公取の代わりに、国会自身に独禁法の執行を行なわせようとするものである。すなわち、国会法が定める各議院の委員会に独占禁止委員会なるものを追加し、そこに現行法の公取の調査権に相当する権限を認める。また、公取の排除措置・課徴金納付命令に相当する権限を、国会自身が法律の形式で行使するというものである。

そこで、独立行政委員会である公取の機能の国会への全面的な移植が憲法上どのような問題をはらむかが問題となる。

II　独立行政委員会の合憲性

まず(α)で述べられている独占禁止委員会（以下「本問委員会」という）は、いかなる性格を有するであろうか。もとより形式的に議院内の一機関であることは疑いないが、それが行政委員会としての公取の機能のうち調査権の部分を受け継ぐものである以上、実質的には行政委員会ではないのかが一応問題となる。

そこで仮に本問委員会が行政委員会の一種であるとすれば、六五条により行政権は内閣に帰属すべきであるにもかかわらず、議会の機関である本問委員会に行政権の行使が託されていることが違憲とならないかが問題となる。

公取などの独立行政委員会の合憲性については、六五条との関係で争いがあるが（他に六六条三項、七二条も問題とされるが六五条と論点は異ならない）、周知のごとく合憲説が通説である。しかしながら、その理由付けの点では、独立行政委員会は人事や予算の点では内閣のコントロールを受けているとするもの（A説）、六五条は全ての行政を内閣のコントロールの下に置くものではないとするもの（B説）、両説の折衷的見解（C説）に分かれる（参照、佐藤(幸)・憲法二一六頁以下、野中ほか・憲法II一五四頁以下〔高橋和之〕）。

A説は、国会による内閣の民主的コントロールによって行政の民主性を保障しようとするのが憲法六五条などの趣旨であり、行政委員会が国会に従属するとか直接国民によって選出されるなどにより内閣ぬきで民主的にコントロールされていても、やはり六五条等に反するという。そこで同説は、内閣による何らかのコントロールを合憲論の拠り所とするのである。

B説は、憲法四一条の国会中心主義の原則から、行政委員会が内閣による統制の下にあるべきであるとされるのは結局のところそれを通して国会の統制の下になければならない（六六条三項）ということなのであるから、仮に内閣の統制が充分及ばなくとも国会が直接に統制を及ぼしうるならば憲法（六六条三項）の容認するところであるとする。芦部説（芦部・憲法二九五頁）も、「内閣から独立した行政作用であっても、とくに政治的な中立性の要求される行政については、……それに対して国会のコントロールが直接に及ぶのであれば、合憲であると解してよい」という。

C説は、内閣から全く無関係の行政機関を設けることは憲法自身が認める会計検査院を除いて許されないとしつつ、「内閣によるコントロールの不十分なところは国会によるコントロールによってある程度補う」（佐藤(幸)・憲法二一七頁）べきであるという。

本問委員会は議院に属するのであるから、仮にそれが行政委員会であるとしても議院の自律権の故に内閣のコントロールを受けることは全くない。したがって行政委員会に対し、内閣が何らかのコントロールを及ぼすことを合憲論の要件とする前記のA説、C説によれば、議院に帰属する行政委員会は違憲ということになる。これに対してB説によれば、議院に帰属する行政委員会も合憲ということになろう。

行政委員会が何らかの形で内閣に帰属することの実益は、その活動について内閣が政治責任を負うとともに（六六条三項）、国会の行政委員会に対する直接のコントロールに代えて解散権を有する内閣を間に介在させることによって、行政委員会の専門技術性、政治的中立性を維持しうることにある。この点を重視すると、A、C説が妥当であり、それ故、議院に帰属する行政委員会は違憲というべきである。

III　国政調査権の範囲

しかしながら、本問委員会は行政委員会などではなく、国政調査権を行使する議会（議院）の機関にすぎない、と解するならば、前記の違憲論は前提を失うことになる。

国政調査権の性格づけをめぐっては、通説である補助的権能説と少数説である独立権能説との対立があり、さらに、知る権利説が登場した（参照、野中ほか・憲法II一三二頁以下［高見勝利］）。補助的権能説とは、国会に憲法上付与された権能を有効に行使するための手段として国政調査権を把握する見解である。本問委員会は、国会が排除措置・納付命令を法律の形式で行なうための調査活動をするのであるから、その調査権はまさに立法活動にとっての補助的権能といえそうである。

それでは本問委員会は、国会の補助的権能である国政調査権を行使するところの議会（議院）の機関であり、通説に従えば当然に合憲であるといえるか。この点は、本問(β)の排除措置・納付命令が、法律の形式をとることによって国会の本来の権能に含まれることになるかに係っている。

Ⅳ　処分的法律の合憲性

本問(β)では、公取の行政処分であった排除措置・納付命令が国会の法律の形式によって行なうものとされている。これは形式は法律だが内容は個別的な行政処分であるところの、いわゆる「処分的法律」に他ならない。そこで、「処分的法律」の合憲性が次に問題となる。

かつて法律は意欲ではなく理性の産物であるべきだとされ、また立憲君主制の時代には法律と行政処分とはそれぞれ議会と君主とに分属し、両概念の区別は議会と君主の権限の棲みわけを保障するものであった。このような背景の下で、内容が抽象的で対象となる人が特定されていないという「法律の一般性」のメルクマールが、「実質的意味の法律」（これが法律事項として議会の排他的権限の対象となる）の不可欠の構成要素とされてきたのである。

しかしながら、(イ)国民主権の下では、法律と行政処分の棲みわけを厳密に守る必要はない、(ロ)社会国家は法律によって所得の再分配を行なうから処分的法律を多用する、(ハ)現代行政国家において肥大化した行政を個別的にコントロールするためには、法律自身が行政処分的にならざるをえないなどの理由から、「法律の一般性」を厳格に要求することが、むしろ適切ではなくなっている。

そこで今日の学説は、処分的法律を一定の要件の下に承認する立場をとる。

芦部説（芦部・後掲二六二頁。参照、芦部・憲法二七〇頁以下）は、平等保障に抵触せず、議会・政府の権力分立の核心部分を決定的に破壊するものでないかぎり、処分的法律も違憲ではないとする。これに対して高田敏説（奥平＝杉原編・後掲一九頁以下）は、処分的法律は実質的意味の法律ではなく本来的には行政行為であるが、その重要性を考慮して国会の法律事項とされたものであるとし、司法権独立の原則から裁判的性質のものを除いて、処分的法律も合憲とする（以上、野中ほか・憲法II七四頁［高見勝利］）。

V　検　討

まず(β)については、右の芦部説に従えば、本問処分的法律が、①平等保障に抵触しないか、②権力分立の核心部分を侵すものではないかが問題となり、また高田説に従えば③裁判的性質を有するものではないかが問われることになる。

①については、本問処分的法律は、現行独禁法の私的独占や不当な取引制限などの禁止という一般原則を新独禁法でも受け継ぎつつ、その適用行為の実効性を高めるために、行政処分に法律の形式を与えるものである。それゆえ、無原則的・場当たり的な処分的法律とは異なり、平等保障に抵触しない。②については、もともと内閣から独立した行政機関である公取の権限を国会に移植しても、国会と内閣と

の均衡には本質的な影響は認められない。以上から、本問法律は芦部説に立てば「法律の一般性」に反するとはいえない。

なお、高田説に立てば右の③のみが要求されることになるが、公取の審判手続は判決手続に近似した準司法的性格を有しているものの本来的には行政手続であって裁判手続ではない。本問処分的法律は法律制定手続に則るものであり、内容も裁判的性質を有するとはいえない。

以上より、「処分的法律」についてどのような学説に立つかに係わらず、本問(β)の処分的法律は合憲と解する。

次に本問(α)の合憲性は、(β)の合憲性と密接に係わっている。

すなわち、前記のように(β)を合憲と解すると、(α)での本問委員会の調査活動は、国政調査権の発動として説明されうる。したがって、行政委員会が議会（議院）に直接に帰属しうるかという問題は、本問とは結局係わりがないこととなる。

これに対して、(β)で処分的法律の違憲説をとると、(α)は議会（議院）の国政調査権の発動とは説明できず、行政委員会の問題と捉えざるをえなくなる。すると、行政委員会が議会（議院）に直接に帰属することが六五条に照らして合憲か、という問題が生じるが、前記のように違憲説が妥当であろう。

参考文献

芦部信喜『憲法と議会政』（一九七一年、東大出版会）二六二頁

同・憲法二七〇頁以下、二九四頁以下

奥平康弘＝杉原泰雄編『憲法学(5)』（一九七七年、有斐閣）一九頁以下
佐藤(幸)・憲法二一六頁以下
野中ほか・憲法II七三頁以下、一三二頁〔高見勝利〕一五四頁以下、一八八頁以下〔高橋和之〕

25 国　会③

六五条は行政権が内閣に属すると規定し、七三条七号は恩赦を内閣の職務の一つとして挙げている。さて国会では、内閣による恩赦の決定を「国権の最高機関」（四一条）である国会が民主的に統制する必要があるとして、次の二案のいずれかに沿った恩赦法等の改正を検討中である。それぞれの合憲性を述べよ。

A案　現行恩赦法は恩赦の具体的基準の設定などを政令に委ねているが、これを改め、当該基準を恩赦法自体で明示する。

B案　内閣が恩赦を行なうに際しては、個々の案件を国会の議決に基づくものとするべく、現行恩赦法等を改正する（現行法で個別案件の実質審査にあたっている「中央更生保護審査会」は廃止する）。

論点

1　「最高機関」と恩赦権
2　「唯一の立法機関」と恩赦権

I　問題の所在

憲法七三条七号によって恩赦は内閣の職務の一つとされているが、行政権は内閣に属するという六五条をあわせ読めば、恩赦権は内閣に独占的に帰属するようにも解される。ところが、現行恩赦法は法律で恩赦について定めている。そこで恩赦法は違憲かが問題になるが、恩赦の実体的基準を政令に委ねているので、結果として内閣の権限を尊重した格好になっている。それでは恩赦法がA案のように改正され、国会自らが実体要件を決定することにすると、七三条七号に違反することになるのか。また、A案のような一般法でなく、より直接的に個々のケースごとに国会が行政処分類似の議決によって恩赦の有無や程度を決定し、内閣はそれにそのまま従うという仕組みは七三条七号に反するか。

そもそも、権力分立原則と国会による行政の民主的統制との間には緊張関係が存在する。権力の相互抑制によって自由主義は確保されても、それで国民による行政の民主的コントロールが減殺されたのでは民主主義が全うされない。もっとも、憲法自身が両者の調整をはかっている場合もある。たとえば予算案の作成提出権限は内閣にあるが（七三条五号）、その議決権は国会にある（六〇条二項）という具合にである。その結果、予算の同一性を損なうような増額修正は許されないが、減額修正ならいくらでも可能だという妥協点が見いだされることになる。

それでは、予算のように内閣と国会の権限に折り合いがつけられている場合ではなく、恩赦のように憲法には内閣の職務として挙げられているだけで国会の関与に触れられていない場合には、内閣と国会の権限はどのように線引きされるべきか。七三条七号のとおり、恩赦の実体的決定権限をもっぱら内閣に帰属するものと考えるのか、それとも国民代表機関としての国会の何らかの関与が肯定されうるのであろうか。

II　最高機関としての国会と恩赦権

国会は四一条において「最高機関」という位置付けと、「唯一の立法機関」という位置付けとを与えられている。このような位置付けから、国会が内閣の持つ恩赦権にどこまで介入しうるかを考察する必要がある。

まず、国会の最高機関性であるが、四一条の「最高機関」という言葉の意義を見ておくと、統括機関としての国会に実質的にも全ての国家権力が原則として帰属するという立場（統括機関説）と、権力分立の一機関にすぎない国会に対して、それが民主的に正当化された唯一の国家機関であることから「最高機関」という美称を与えたのだという立場（政治的美称説）とが対立し、後者が通説である。もっとも近時では、「並列関係にある国家諸機関のうち一番高い地位にあり、国政全般の動きに絶えず注意しつつ、その円滑な運営をはかる立場にあるということを意味する」との見解があり（佐藤(幸)・憲法一四三頁）、このような観点からの統括機関説の見直しがはかられている。

政治的美称説をとれば、国会が「最高機関」であることを強調しても、恩赦権を国会が内閣から取り上げることは許されないことになる。これに対して統括機関説をとれば、恩赦権も元来国会が有するものであるところ、憲法七三条がいわば国会の権限の委任として内閣にその行使を委ねているということになる。佐藤説では、恩赦権が内閣にあることを国会としても尊重しながら、その行使に一定の方向づけを与える程度の関与は国会に許されることになろう。

国会は国民代表機関として、他の国家機関と異なり民主的正当性を有する機関である。それ故、「最高機関性」は単なる美称ではなく、実質的に法的な意味を持ちうるが、それは「統括機関」ほど強力なものではないと解すべきである。佐藤説の立場が妥当であるものと思われる。同説の観点からは、現行の恩赦法のように政令に実体的要件を委任するか、もしくは恩赦法自身で恩赦の実体的要件を定めるA案がせいぜいのところであろう。B案は、国会を行政権をも本来は行使しうる言葉どおりの統括機関と捉える立場に立って初めて正当化されるように思われ、かような意味での統括機関説は権力分立を全否定するもので妥当ではないから、B案は違憲ということになろう。

III　唯一の立法機関としての国会と恩赦権

そこで観点を変えて、恩赦という国家行為の性質をかえりみよう。恩赦とは、国家が有する刑罰権の行使を一部もしくは全部放棄することであり、具体的には、立法権が定め司法権によって確定される刑罰を行政権が免除するという形態をとる。

すなわち恩赦は、その対象となる国民にとっては義務の免除であるから、授益的作用ということが出来る。憲法七三条七号は、授益的作用であるところの恩赦を内閣の権限としたのである。

ところで四一条は、国会を最高機関とすると同時に、「唯一の立法機関」とも規定する。そこで仮に恩赦という授益的作用が、法律の根拠なくしては行ない得ない行政作用であるとすれば、「唯一の立法機関」である国会の制定する法律（恩赦法）を待たずに内閣独自の判断で恩赦を行なうことは出来ないことになる。また、恩赦法の規定も政令への白紙委任は許されず、実体要件を自ら定めるか一定の枠内での政令への委任のみが可能であることになる。

そこで何が法律事項であるかが問題となる。

侵害留保説は、国民の権利・自由に侵害を及ぼす国家作用のみが法律の根拠を必要とするという。同説によれば、恩赦は法律の根拠を必要としないことになる。侵害作用のみならず、国民に授益を及ぼす作用にも法律の根拠を要求する説もある。この説によれば、恩赦にも法律の根拠が必要となる。さらに全ての国家作用に法律の根拠を必要とする全部留保説もある。同説ももとより恩赦に法律の根拠を要求する。

法律の留保という発想は、古くは立憲君主と国民代表議会との政治的力関係の理論的表現として登場した。君主＝行政権力を法律でどこまで統制しうるかは、理論の問題ではなく政治の問題であった。これに対して、現代民主主義国家にあっては、全ての行政作用は民主的正当性に裏打ちされている必要があり、法律の根拠を当然に必要とする。その意味で、全部留保説が妥当である。

しかしながら、立法者が全ての行政作用を決定することまでが、国民主権や国民代表の名において正当化されるわけではない。

立法と行政との機能的分業は、現代民主主義国家においても必要なのであり、憲法上の権力分立原則も、立法・行政・司法のそれぞれの国家作用としての特性に応じた機能的な分業を要求するものといえる。たとえば、さきにも挙げた予算案の作成提出権の内閣の独占という仕組みは、予算の作成過程と国会での審議・議決過程とを分離し、前者を行政機関の専門技術的見地に立った作成作業に委ねることで、国会での修正を経て成立した予算にも体系性・専門技術的合理性を確保するためのものであるといえる。このように、現代民主主義国家においても、国家作用の合理性を確保するための権力分立は必須であるといえる。

恩赦についても、法律の根拠が必要であると解するとしても、内閣の専門技術的判断の余地を全く残さないほど法律で一義的に決定し、あるいはより直截に国会の議決で個々の恩赦の有無や程度を決定することは適切でない。憲法は恩赦権を内閣に授けることで、国会の党派による恩赦の政治的利用の危険から恩赦の専門技術的・中立的判断を守ることを意図しているのである。それゆえ、恩赦権行使の具体的内容についての国会による過剰な統制は、右のような恩赦制度の中立性を損ない違憲ということになろう。

以上の考察を本問に当てはめると、A案の場合には実体的基準を恩赦法で定めるとはいえ、その運用（個別ケースへのあてはめ）は内閣が行なうのであるから、内閣の専門的・中立的判断の余地が残されており、「唯一の立法機関」という国会の位置付けと七三条七号との間でうまく均衡がとれているといえる。A案は合憲といえる。これに対してB案は、内閣の専門的・中立的判断の余地を一切排除するものであるから、憲法七三条七号が内閣の専門的・中立的判断の余地を確保する目的で内閣に恩赦権を付与した趣旨を損なうものといえ、B案は七三条七号に違反し違憲である。

Ⅳ 検　討

以上より、国会が「国権の最高機関」とされること、及び「唯一の立法機関」とされることから、内閣の恩赦権を国会がどこまで制約しうるかについて次の結論に至った。

まず、国権の最高機関という観念を政治的美称よりは強い法的概念として捉えるべきであるが、しかし国権を掌握する最高機関として実質的に理解するのは行きすぎである。そのことから、A案は合憲だが、B案は違憲となる。

また、唯一の立法機関という概念にとり重要なのは、法律事項が何かであるが、基本的には全ての国家作用が法律の根拠を必要とする。しかしながら、このことは、国会が自ら行政機関であるかのように個々の恩赦権の行使をなしうることを意味しない。七三条七号は、内閣の専門的・中立的判断を保障することを目的としているものと解され、そうであれば、一般的に実体的基準を掲げるだけのA案は合憲であるが、個々のケースへの当てはめ自体を国会が行なうものとするB案は右の趣旨に反し、違憲というべきである。

以上のいずれの観点からも、A案は合憲、B案は違憲という結論が得られる。

▩参考文献▩
芦部・憲法二六九頁以下
佐藤(幸)・憲法一四三頁

26 議院内閣制

衆議院解散の要件として、議院内閣制を根拠に六九条非限定説をとる見解（制度説）があるが、議院内閣制からこのようにいいうるか。議院内閣制の本質に触れながら論述せよ。

論点
1　議院内閣制の意義
2　責任本質説と解散の範囲
3　均衡本質説と解散の範囲

I　問題の所在

わが国の国会と内閣とは、議院内閣制の関係で結ばれているといわれる。しかし、議院内閣制の概念自体がきわめて多義的である。

議会と政府の関係として、一方の極には議会が政府を法執行機関として従属させる議会統治制があり、他方の極には両者が別個独立の存在として抑制と均衡をはかる大統領制がある。議院内閣制は、相互の協力関係と緩やかな分離が議会と政府の関係の有るべき姿であると捉えるのであるから、議会統治制と大統領制との中間のいずれかに位置することになる。

すなわち議院内閣制のなかには、議会統治制に近いものと大統領制に近いものとがありうるのであり、前者を責任本質説、後者を均衡本質説と呼ぶ（両説をそのように位置付けうると考える）。日本国憲法の議院内閣制の理解をめぐっては、両者のいずれであるのかが争われている。

議院内閣制を明言する条文自体が存在せず、またこのように多義的な概念であるにもかかわらず、議院内閣制が日本国憲法の解釈論の決め手とされることがある。その代表例が、本問のように解散権行使の要件についてのいわゆる七条説の実質的根拠付けとして用いられる場合である。

II 責任本質説と七条解散の可否

責任本質説は、議院内閣制の本質を内閣の国会に対する政治責任（六六条三項）に尽きるものと捉える。すなわち、「責任本質説は、議院内閣制の本質を、内閣の存立が議会の信任に依存している点に求め、議会の不信任決議に対抗する解散権がなくとも、議院内閣制でありうるとする」（野中ほか・憲法II一五九頁〔高橋和之〕）。言い換えると、議院内閣制は内閣の国会に対する受動的政治責任の制度であって、能動的権限である解散権の根拠はそこに見いだせない。

そこで同説の立場からは、六九条解散でさえ議院内閣制の必要不可欠の要素ではないのであるから、ましてや六九条以外の場合の広い解散権は議院内閣制からは出てこないことになる。すなわち、責任本質説の意味で議院内閣制を理解する場合には、議院内閣制によって七条解散を正当化すること（制度説）は不可能なのである。

III　均衡本質説と七条解散の可否

均衡本質説は、内閣と国会が権限のうえで均衡している場合に初めて議院内閣制といいうる、とする立場である。すなわち「均衡本質説は、議会と内閣の対等性を重視し、議会の不信任権に対し内閣の解散権が対抗することにより、両者が均衡するところに議院内閣制の本質があると考える」（野中ほか・憲法II一五九頁〔高橋和之〕）というものである。

同説は、(A)議会の不信任権に対して内閣の六九条の場合に限定された狭い解散権で均衡がとれているとするか、もしくは(B)内閣も六九条以外の場合にも広く解散権を行使出来ることで均衡がとれていると解するか、さらに分かれうる。

(A)の場合には、議会と内閣の均衡は六九条で達成されているのであるから、「均衡」ということから広い解散権が導かれるわけではない。また(B)の場合には、一方で内閣に広い解散権があることを根拠として日本国憲法は均衡本質説の意味での議院内閣制をとっているという見解をとり、他方で均衡本質説の意味での議院内閣制であることから広い解散権を帰結するのであるから、これは循環論法に他ならない。

以上(A)(B)のいずれの意味においても、均衡本質説を前提として議院内閣制から七条解散を導きだすこともまた不可能ということになる。

IV 国民内閣制説

七条解散を説明する際の均衡本質説の以上のような欠陥を補うために、高橋和之説は均衡本質説の再構成を試みる。「議会も内閣も、自己を破壊する力をもつ相手の『武器』（不信任権、解散権）の行使を抑止する最善の方法は、自分のほうが相手より少しでも国民の近くに位置すること」であるから、「無条件の不信任制度と無条件の解散制度の存在が、議会と内閣に対し、たえず国民の意思へ近づこうとする動因を与える」というのである（野中ほか・憲法II一六〇頁〔高橋和之〕）。

この見解は、国会と内閣とを民主的正当性（民意への近さ）を争う競争的存在と捉え、競争状態を維持するためには不信任権と広い解散権による均衡が合目的的であるとするものである。その背後には、日本国憲法の議院内閣制を「国民内閣制」と捉える独自の視点がある。しかしながら、議院内閣制に含まれる国会の内閣総理大臣指名権の故に、現実の政治が国会対内閣でなく、与党＝内閣対野党であることは言うまでもない。「国民内閣制」のいたずらな強調は、単に国民に対する「強い内閣」（＝強い官僚）の説明に終わることが危惧される。

V 責任本質説の再構成

高橋説は、国民内閣制という特異な理解からのものであった。そのような見方をあえてとるまでもなく、次のような観点から責任本質説の方を再構成することによって、七条解散を議院内閣制で説明することは可能である。

内閣と国会の関係は、両者の間だけのミクロの関係としてではなく、国民が国会・内閣を媒介として行政を民主的にコントロールするというマクロの観点から捉え直される必要がある。このマクロの観点よりすれば、民意を問う必要がある場合に内閣が広く解散権を行使することは、内閣の権限であるばかりか内閣の国民に対する政治責任でもあることになる。

すなわち、議院内閣制の本質は、内閣が国会を媒介として国民から政治的コントロールを受けることにある。これを広義の責任本質説と呼びうる。このように責任本質説を再構成することによって、七条解散説を議院内閣制で根拠づけることが出来るであろう。

■ 参考文献 ■

芦部・憲法三〇一頁以下

野中ほか・憲法II一五九頁以下〔高橋和之〕

27 予　算

国会は財政事情の改善をはかるため、次のような条項を含む財政健全化促進法（仮称）を検討しているとする。

「内閣は、予算を国会に提出するに際しては、歳出予算の総額を今後五カ年間、毎年五パーセントずつ縮小しなければならない。」

この条項にはどのような憲法上の問題があるか。

■論点
1　予算の法的性質
2　内閣の予算作成提出権の根拠
3　国会の予算修正権の限界
4　衆議院の優越

I　問題の所在

国会の予算議決権（六〇条、八六条）と内閣の予算作成提出権（七三条五号）とは、どのような関係に立つか。両者の関係が問われる論点として、国会による予算修正権の限界という問題がある。国会は予算を否決することも出来るのだから、一部否決といえる減額修正は自由になしうる。これに対して、予算の金額を増やしたり項目を起こしたりする増額修正は、内閣の予算作成提出権を侵害することになりうる。そこで、予算の同一性の範囲内でのかぎられた増額修正のみが許されるとされている。

本問につき、まず、各年度の内閣が作成提出した予算をその都度国会が一律に五パーセントずつ減額していくことはもとより可能である。本問法律は、このような各年度ごとの措置に代えて一括して法律で内閣に予算の作成段階から減額を義務づけるものであるから、国会の予算減額修正権によって正当化されうるか。それとも、内閣の予算作成提出の段階における予算の総額に上限を課すものであるから、内閣の予算作成提出権を侵害するものであるのか。

なお、気づきにくい論点であるが、予算議決と法律制定とでは、衆参両院の権限が異なる（五九条、六〇条）。予算の減額修正という形式で五パーセント減を実現する場合には、衆議院の優越度が大きいが、本問法律を通じて同じことを実現する場合には、衆議院の優越度は法律制定におけるそれにすぎない。このように、本問法律によって五パーセント減を実現することには二院制の問題も絡んでいる。

II　予算の法的性質

それでは、予算とはそもそも法的にはいかなる性格の国家作用であるのか。

第一に、予算行政説を見てみよう。公金支出などの予算執行は、それが法律の執行行為である場合にかぎらず、性質上行政作用である。そこで、予算執行の大綱的計画を定めたといいうる歳出予算は、それ自体も行政作用に属するというのが、古典的な予算行政説の立場である。立憲君主制の下で、君主になお強大な行政権が属し、国民議会は予算や課税の承認という形で横から関与しえたにとどまる状況においては、予算は本質的に行政であるといいやすかった。大日本帝国憲法においても、緊急の必要性のある場合には勅令により「財政上必要ノ処分」（七〇条一項）を行ないうるものとされており、また、帝国議会が予算を成立させない場合には、政府は前年度の予算を執行するものとされていた（七一条）。当時の学説も予算行政説をとっていた。

第二に、予算行政説の対極にあるのが予算法律説である。同説は、予算は当該年度に限り効力を有する時限的な特殊な法律であるという。公金支出等の行政作用を法的に拘束する規範（予算法）であるという点で、予算は行政法規と異ならないと考えるのである。「法律の一般性」という要請は予算法においては満たされないが、予算を一定の政策的理念の具体的表現であると考えれば（後述）、広い意味では「法律の一般性」には抵触しないともいいうる。

予算法律説が、このようにやや無理をしても法律という性格づけにこだわるのは、国会の予算議決権を立法権のなかに取り込み、予算の民主的コントロールを完全なものとするためである。また、同説の論者は、法律の執行費用が予算に計上されていないとか、予算は計上されているのに支出の根拠となる法律は未成立であるといった、予算と法律とが相伴わない場合についても、法律と法律の齟齬の問題として捉えることが可能になるという。すなわち、「後法優位」ないし「後法は前法を廃する」と呼ばれる法原則に照らせば、予算と法律との不一致は後に成立した予算ないし法律が有効であり、前に成立した予算ないし法律は不一致の限りで無効であるという。

第三に、予算法形式説は、予算は行政作用ではなく法規範の一種であるが、法律そのものではないという見解である。通説である。法規範の一種であるということによって、国会の議決権を立法権のなかに含めて理解しうる点で、予算法律説と同様の長所を有している。また、予算は法律そのものではないとすることによって、予算法律説のように無理な擬制をしないでよい。そのかわりに、予算と法律との齟齬が後法優位の原則によって自動的に解決するという明快さはない。

予算と法律との不一致は、形式的には前述のような場合に生じるのであるが、実質的には少数与党内閣で内閣と国会の多数派とが対立している場合（法律は成立したが、内閣が予算を計上しない）、あるいは衆参両院で政党の勢力図が異なり、しかも衆院で与党が過半数だが三分の二には足りない場合（衆院単独で予算は成立したが法律の再可決はできない。五九条二項、六〇条二項参照）に生じうる。不一致の解決は、予算法律説のような机上の理屈によってではなく解散総選挙といった政治的手段によってなされる他ないのである。予算法形式説がこのような趣旨に立つものであれば、そのかぎりで同説を支持することが出来よう。

III　内閣の予算作成・提出権

八三条は、「国の財政を処理する権限は、国会の議決に基づいて、これを行使しなければならない」とし、また八五条は、「国費を支出し、又は国が債務を負担するには、国会の議決に基づくことを必要とする」という。いわゆる財政民主主義の原則を定めたものである。国の財政支出の主要な部分である歳出予算についても、財政民主主義の要請により国会の予算議決権が帰結される。歳入予算は事の性質上、当該年度の税収等の国の歳入の予測にすぎないが歳出予算は歳入予算の裏付けを必要とし、歳入歳出予算は一体のものとして予算を構成する必要がある。

財政民主主義という大原則により、予算議決権が国会に帰属する（六〇条、七三条五号、八六条参照）のは当然である。しかしながら他方、七三条五号は、予算（厳密には「予算案」であるが、単に「予算」と呼ぶ慣例がある）の作成・提出を内閣の権限としている。議員ないし議院は、自ら予算案を委員会などで作成し審議・議決することはできず、予算においては法律と異なり内閣の原案提出権限は排他的独占的なものである。

それではなぜ、憲法は内閣に予算（案）の作成・提出権限を独占させているのか。予算はたとえば福祉重視であるとか、赤字国債解消であるといった一定の理念に基づきながら、それを具体的な費目の構成、金額の配分に反映させる点で、専門技術性・体系性をかなめとする。議員ないし議院が予算案を作成するとこのような専門技術性・体系性を確保しえず、選挙区や政党の利害を反映したいびつな予算しか成立しえない危険がある。そこで憲法は、予算案の作成は行政の専門技術的・体系的観点に委ね、国会による民主的コントロールは予算案の修正権ないし否決権を国会が堅持することによって確保しようとしたものと解される。

IV　国会の予算修正権の限界

次に国会は内閣が提出した予算（案）を任意に修正しうるか、それとも国会の修正権には限界があるのかという点が問題となる。予算の修正には、特定の費目の削除や減額をする減額修正と費目を新設したり金額を増額する増額修正とがあり、国会の予算修正権を論じる場合には両者の区別が重要となる。まず、減額修正については、国会は内閣提出の予算案を全く否決することも可能なのであるから、いわば原案の一部否定であるところの減額修正については、当然に何の制約もなくなしうるところである。

これに対して増額修正のほうは、これを無限定に認めると内閣が予算案の作成提出権を独占していることが有名無実化することとなる。とはいえ前述のように内閣が当該権限を独占しえているのは、国会の議決を経て成立する予算についても専門技術性・体系性を確保するために他ならない。そうであれば逆に、予算の専門技術性・体系性を損なわない範囲であれば多少の増額修正は許されるということになる。そこで通説ならびに政府見解は、「予算の同一性」を損なわない範囲内であれば国会が予算案に増額修正を施したうえで議決することも可能であるという。

なお、予算法律説によれば、予算も法律の一種であるから、国会は法律案を自由に修正し新規の条文を付加しうるように予算案についても任意に増減することが可能であることになる。しかし、このような帰結は予算の専門技術性・体系性という要請に反するものであるから、この点からも同説は妥当でない。

V 検　討

本問法律は、国会の予算議決権の一部をなす減額修正権を法律の形にしたのみであるように見える。そして、内閣は法律の誠実な執行義務（七三条一号）を負うから、予算の作成提出に際しては本問法律に拘束されると考えると、この点からも本問法律は合憲であるように見える。

しかしながら、憲法が予算作成・提出権を内閣に独占的に付与したのは、内閣の専権によって予算を作成・提出させることによって、予算の専門技術性・体系的合理性を確保しようとしたためであると考えられる。そこで本問法律は、憲法のこのような意図を阻害するものではないかが問題となる。なぜなら、本問法律は内閣の予算作成・提出に金額的な上限を課しており、その点において内閣の専権事項に介入しているからである。このように考えると、本問法律は違憲となる。

以上に、国会の減額修正権からアプローチすれば合憲となり、内閣の独占的な予算作成・提出権からアプローチすれば違憲となることを見た。いずれが妥当と考えるかで、本問法律の評価が分かれることになる。

なお、本問法律が国会の予算減額修正の法律による先取りであるという見方は、実は正確ではない。なぜなら予算の議決権の一環としてなされる減額修正にあたっては衆議院の優越が大きいのに、本問法律の場合には法律であるから衆議院の優越度は少なくなるからである。憲法は予算成立の迅速さと財政民主主義の徹底のために、予算議決にあたって衆議院の優越度を高めているのである。本問法律は、憲法が予算議決に際して衆議院の優越度を大きくした趣旨を損なうものであるといえる。この点に予算作成・提出は内閣の専権事項であること――これは財政民主主義を合理的に実現するための憲法の知恵である――を合わせると、結論として本問法律は違憲というべきであろう。

■参考文献■

芦部・憲法三三二頁以下

野中ほか・憲法II三二六頁以下〔中村睦男〕

28 内　閣

「内閣は、法律に違憲の疑いが生じた場合には、ただちに行政各部に命じて当該法律の執行を停止し、最高裁判所に合憲性の判断を求め、合憲であるとの回答を得たのちでなければ当該法律を再び執行してはならない」という旨の制度を法律で設けることは合憲か。

論点

1　内閣の法律誠実執行義務
2　付随審査制

I　問題の所在

内閣の法律誠実執行義務（七三条一号）と、司法審査の付随審査制とを問う問題である。

II　内閣の法律誠実執行義務

国務大臣にも憲法尊重擁護義務があるが（九九条）、同規定は訓示であり、国会が法律を合憲であると考えて制定している以上、内閣は国会の判断を尊重して当該法律を誠実に執行する義務を負う（参照、野中ほか・憲法II一九二頁［高橋和之］）。それゆえ内閣は、たとえ法律の違憲性が客観的に明白であっても、それを誠実に執行しなければならず、行政各部にその不執行を命ずることは出来ない。ただし、違憲判決が下された場合には、個別的効力説に立った場合にも、内閣の法律誠実執行義務は解除される。また、違憲判決の一般的効力説に立てば、法律自体が削除されたに等しいから、内閣は当該法律を執行してはならない。

以上は、違憲の法律に内閣の誠実執行義務があるか、という問題についてである。本問は、内閣の法律誠実執行義務を解除する法律は合憲かを問う点で以上の問題とやや異なる。

本問法律が法律誠実執行義務との関係で問題となりうるのは、①誠実執行義務という憲法上の義務を法律によって解除することが許されるかという問題と、②違憲の疑いが生じた法律の執行を内閣が一時的に停止することが許されるか、という問題の二点である。

まず、①についてであるが、法律誠実執行義務は憲法上の義務であるから、法律自身によっても免除できないはずである。この点を捉えて、本問法律は誠実執行義務を解除するものであるから違憲無効であるとみることが出来るであろうか。本問法律は、内閣自身の違憲判断を要件として誠実執行義務を解除するものではない。設問法律は、内閣としてはあくまで最高裁による憲法判断を求め、それまで執行を一時的に停止し、違憲判断が下されて初めて執行義務が解除されるという仕組みをとっている。したがって、本問法律は憲法上の義務である誠実執行義務を法律によって解除するものであるから違憲である、という指摘は当たらない。

次に②についてであるが、本問法律は、最高裁が憲法判断を下すまでの間、内閣が違憲の疑いのある法律を一時的に執行停止することを認めている。しかしながら内閣には違憲審査権はなく、違憲の疑いが客観的に認められる法律であっても、内閣の誠実執行義務は一時的にも免除されない。むしろ、違憲の法律であっても国会の独自の判断によって是正されるか、もしくは内閣が当該法律を誠実に執行することによって主観的に不利益を蒙った国民が憲法訴訟を提起し、裁判所が付随的に違憲判断を下すことによって是正されることが憲法の予定している仕組みなのであろう。そうであれば、本問法律は、執行停止を規定している点で違憲であるように思われる。

III 付随審査制

憲法八一条の司法審査制度は付随審査制であるとされ、抽象的審査制は憲法のとるところではない（通説・判例）。それでは、法律で抽象的審査権を最高裁に与えることは合憲か。通説は、憲法は付随審査制のみを許容する趣旨と解するから、このような法律は違憲となる。

これに対して、憲法八一条は最高裁に抽象的審査権を与えているわけではないが、だからといってそれを禁ずる趣旨にも解されないから、法律や裁判所規則でその権限や手続を定めれば最高裁に抽象的審査権を認めることも可能であるという見解（中村・憲法三〇講二四二頁は、司法裁判所としての本質に反しない限度で可能とする）に従えば、上記の法律は合憲となる。

本問法律は、最高裁に具体的事件を離れて法律の司法審査を行なう権限を付与している点においても、その合憲性が問題となる。

この点については、前述のように、通説は法律による抽象的審査権の創設を違憲とするが、合憲説も一部に有力である。抽象的審査という場合にも、たとえば野党がある法律の違憲判断を抽象的に求める場合の抽象度はきわめて大きいが、内閣が法律の執行という具体的事例へのあてはめの段階で違憲の疑いを抱くにいたった場合に司法審査を請求しうるという制度は、やや抽象度を緩和しているとみることができる。そのように捉えることができれば、本問法律は、七六条の予定する「司法権」の観念に反するものとまではいえず、内閣が最高裁に違憲判断を請求しうるという部分は合憲であると考えることも出来よう。

参考文献

中村・憲法三〇講二四二頁
野中ほか・憲法II一九二頁
〔高橋和之〕

29 法律上の争訟 ①

宗教団体Ａ会の宗教的代表者Ｘは団体の教義に公定解釈を施す立場にあるが、反主流派Ｙによって、「Ｘの教義解釈は自身が団体の財産を自由に支配しうることを意図した不純で誤った解釈である」との文書を団体の多数の会員に送りつけられたことに立腹し、Ｙを破門した。

(1) このような批判は名誉毀損に当たるとしてＸがＹを相手取り慰謝料請求訴訟を提起したとして、Ｘは勝訴しうるか。

(2) Ｙが破門処分は無効であると主張して、自分はいまだＡ会の会員であることの確認を求める確認訴訟をＡ会を相手取り提起したとして、裁判所が破門処分の有効性についての司法審査を行なうことは許されるか。

■論点

1 宗教団体内部の評価と「法律上の争訟」性
2 宗教的地位の存否と「法律上の争訟」性

3　部分社会の法理

Ⅰ　問題の所在

Xは、多数の会員に対して社会的評価を低落させるような内容の文書を配布されたのであるから、名誉毀損で慰謝料を勝ちとれるように見える。しかしながら、文書の内容は教義解釈の誤りの指摘を含んでおり、名誉毀損の有無の審理は裁判所を教義論争に巻き込みかねない。慰謝料という金銭給付請求が訴訟の対象であっても、紛争の本体が教義の争いであれば法律上の争訟とはいえない（「板まんだら」事件最高裁判決昭和五六年四月七日民集三五巻三号四四三頁）。名誉毀損か否かは教義解釈の正しさの審理を抜きにしても可能にも見えようが、実は当該の「名誉」とは団体内部で宗教的な尊敬を受ける立場のことであるから、そもそも社会的評価という世俗的な価値とはいえない。団体内部における宗教的尊敬は、各自が批判に耐えて自身の反論や行動で勝ちとり守るべきものであると考えられる。それ故、「名誉」毀損の問題は宗教団体内部では生じないとさえいいうる。更に、宗教的尊敬は、教義を正しく解釈していると見なされる者に対してのみ与えられる。「名誉」と「教義」は実は不可分一体なのである。いずれにしても、Xは訴訟(1)で勝訴できない（後述）。

ではYはどうか。宗教団体の会員としての地位は信者という宗教的地位に他ならず、その確認を世俗的利益の救済機関たる裁判所が行なうことはできない。また当該審理のなかで前提問題として破門処分の有効性を審理することは、宗教的地位の変動をもたらすにすぎない破門処分という宗教的行為の効力を、世俗の法に照らして論じることである。これは宗教団体の自律権の行使たる破門処分を法律によってコントロールすることであるから、団体の信教の自由への侵害に該当しよう。

II 「法律上の争訟」の意義

「法律上の争訟」の意義につき、判例は、①「当事者間の具体的な権利義務または法律関係の存否（刑罰権の存否をふくむ）に関する紛争」であって、②「法律の適用により終局的に解決しうべきもの」と捉えてきた（村議会予算議決無効確認請求事件最高裁判決昭和二九年二月一一日民集八巻二号四一九頁、技術士国家試験事件最高裁判決昭和四一年二月八日民集二〇巻二号一九六頁、「板まんだら」事件判決（前出））。

憲法七六条にいう「司法権」の観念は、歴史的に形成されてきた「裁判」の観念を前提とするものである。「裁判」は「法を語る口」（モンテスキュー）としての裁判所が行なう法執行行為であるものの、同じく法執行行為であるところの行政との相違点は、当事者間の権利・法律関係に関する真摯な法的紛争を中立的第三者機関としての裁判所が法の解釈を通じて解決するところにある。

行政による法適用は法治主義の下では、細部まで明確に規定された行政法規の機械的な適用を理想とし、実定法によって規定されない詳細については行政の政策的専門的裁量判断に委ねられる。

これに対して裁判所による法適用は、多様な解釈を許す抽象的な法概念を、そこから立法者の価値判断を導出しつつ個別の紛争に条理にかなう形で適用することで当事者を説得し紛争を終局させることに、その特徴を有していよう。

このような裁判というものの特徴から、右の①②の要件も導かれるのである。すなわち、裁判の本質は国法の適用による紛争解決であり、②の要件はむしろ当然というべきである。また、行政機関による法適用と裁判所によるそれとの相違は、行政機関が法によって許された裁量の範囲内で政策目的の最大限の実現を目指すのに対して、裁判所は当事者の権利義務や法律関係を、法解釈によっていわば発見しつつ当該事件に適用するという点にあり、このことから①の要件も導かれる。

「法律上の争訟」は右の①②という二要素からなると解され、①②が相伴って初めて裁判所の司法審査（司法権の発動である審判権の行使）が可能となるのであるが、このことは右に述べたような裁判というものの本質に基づくのである。

III　宗教団体内部の評価と「法律上の争訟」性

訴訟(1)は、右にいう①「当事者間の具体的な権利義務または法律関係の存否」に関する紛争にも当たらず、また、②「法律の適用により終局的に解決」することが可能な紛争にも当たらないものと考えられる。以下、分説する。

まず要件①であるが、右訴訟は具体的な権利義務または法律関係の存否に関する紛争ではない。右訴訟は名誉毀損訴訟であることから、当事者間の具体的な権利義務または法律関係の存否に関する紛争であるかのように見える。しかしながら、金銭給付請求や人格権保護などの、具体的な権利義務に関する紛争の外形を備えているからといって、当然に①の要件を充たすことにはならない。紛争の実体が権利義務や法律関係の存否に係わらない場合には、当該紛争に金銭給付などをめぐる紛争の外形を施しても、①の要件を充たすことは出来ないのである。

なお、宗教団体に対して退会した元会員が錯誤を理由に寄付金の返還を求めた「板まんだら」事件判決は、宗教団体と元会員との間での金銭給付訴訟という具体的権利義務に関する紛争であり、本問(1)とやや類似する。

「板まんだら」事件判決は、「本件訴訟は、具体的な権利義務ないし法律関係に関する紛争の形式をとっており、その結果信仰の対象の価値又は宗教上の教義に関する判断は請求の当否を決するについての前提問題であるにとどまるものとされてはいるが、本件訴訟の帰すうを左右する必要不可欠のものと認められ、結局本件訴訟は、その実質において法令の適用による終局的な解決の不可能なものであって、裁判所法三条にいう法律上の争訟にあたらない」とした。同判示は、法律上の争訟の②要件が充たされていないことを理由として裁判所の審判権を否定したものであるが、同事案においては寄付金返還請求自体は単なる外形にとどまらず、実質的にも具体的な権利義務ないし法律関係に関する紛争といいうる。

これに対して、本問名誉毀損訴訟では、具体的権利・法律関係の存否は、まさにYの当該表現がXの社会的評価に係わる性質のものであったのかにかかっているのである。この点が消極に解されるべきことは、以下に見るとおりである。

いうまでもなく名誉毀損が成立するためには、閉鎖的集団内部においてある者が従来得てきた団体に固有のものさしの上での評価の低落では足りない。当該人物の社会的評価を低落させるような表現がなされることが必要である（参照、大審院判決昭和八年九月六日刑集一二巻一五九〇頁）。ところが訴訟(1)では、Xの評価を低落させるような表現をYが行なったとしても、それは団体内部でXが得てきた当該団体に固有の評価が団体内部において低落したにとどまり、およそ「社会的」評価の低落には結びつかない。

それでは、「法律上の争訟」の要件②は、本問⑴の訴訟において充たされているであろうか。この点についても、要件②について述べたことから消極に解されるべきである。なぜなら、宗教団体内部における当該団体に固有の評価基準は、まさに当該宗教団体の教義等の価値体系によって規定されるものである。すると、Yの当該表現によってXの当該団体内部での評価が低落したか否かの判定は、それ自体教義の解釈と密接不可分の関係に立つことになる（前述）。いわゆる「板まんだら」事件判決は、審判の直接の対象が金銭給付請求権など世俗的な権利・利益であっても、その存否の判断が教義の解釈と密接不可分である場合には、「法律上の争訟」の②要件であるところの法令の適用による終局的解決可能性という要件が充たされない、としたものである。本問⑴も、その紛争の司法審査に際しては、宗教団体に固有の教義の解釈が不可避となり、「法律上の争訟」の要件②を充たさないのである。

IV　宗教的地位の存否と「法律上の争訟」性

訴訟⑵では、宗教団体の構成員であるという宗教的な地位の存否、およびその前提問題として破門という宗教的行為の効力が問われている。

これに類似するケースとして、いわゆる蓮華寺事件最高裁判決（平成元年九月八日民集四三巻八号八八九頁）は、懲戒処分を受け住職の任を解かれた団体構成員が団体を相手取り住職たる地位の確認などを求めた事案であった。そこで同判決は、地位確認のためには懲戒処分の効力の審査は不可避であるが、その審査は解任された原告の言動が宗教団体の教義に照らし異説に当たるかどうかに及ばざるを得ないとして、法律上の争訟性を否定したのである。

これに対しては、紛争の解決を全て当事者に委ねることになり、団体の自律的決定が司法により保護されないこととなるから、かえって宗教団体の自主性を認めることになるのか疑問であるとの見解も示されている（佐藤(幸)・憲法四九七頁）。しかし、破門されたY側からの確認訴訟については、そもそも法律上の争訟性①の権利・法律関係に関する紛争という要件が充たされていない。それゆえ、いずれにせよ司法審査は許されないことになる。また、教義の解釈の対立が破門の背景にあるので、法律上の争訟②の点でも法律上の争訟性は否定される。

V　部分社会の法理

なお、団体の内紛一般につき、いわゆる「部分社会の法理」ないし「部分社会論」が問題となる。同論は、自律的な法規範を持つ団体の内部事項は当該団体による当該規範の自律的な執行に委ねられ、原則として裁判所による国法の適用の対象とならず、司法審査（裁判所による審判と同義の広い意味でこの語が用いられる）には限界があるという議論である。同論には、憲法二一条の保障にかかる結社の自由に根拠を求めるもの（その代表的論稿として、佐藤(幸)・現代国家と司法権二〇一頁）と、法秩序の多元性に根拠を求めるもの（いわゆる米内山事件最高裁大法廷決定昭和二八年一月一六日民集七巻一号一二頁の田中耕太郎少数意見）とがある。近時の通説は、団体の性質に応じて、個別に司法審査の可否および根拠を論じる傾向にある（参照、芦部・憲法三一六頁）。

判例における「部分社会論」の肯定事例は、地方議会や国立大学の事案であるが（地方議会議員懲罰司法審査事件最高裁大法廷判決昭和三五年一〇月一九日民集一四巻一二号二六三三頁、富山大学単位不認定事件最高裁判決昭和五二年三月一五日民集三一巻二号二三四頁)、これらはそれぞれの団体の性質に基づく自律権の尊重を、「部分社会論」という名称で説明しているものと解すべきである。

同法理は、団体の自律性を尊重する観点から、団体の内部処分等の内部的行為の適否については、司法審査の対象とすべきではない、という考え方である。団体内部の紛争であっても、「一般市民法秩序と直接の関係を有する」に至る場合には司法審査すべきであるとされる(富山大学単位不認定事件判決)。

VI 検討

本問に部分社会論をあてはめてみると、まず(1)のYの当該表現は、本件宗教団体の内紛をベースとした反主流派による執行部批判であるから、このような表現に名誉毀損法理という国法を適用し団体の内部秩序に司法が介入することは、団体の自律性を著しく損なうものといえる。それ故、Yの表現に対して司法が名誉毀損法理を適用することは自制されねばならない。

これに対して(2)のXの側からの破門処分といった処分は、宗教団体による内部自律権の行使であり一般市民法上の不利益に及ぶものではないから、部分社会論、ひいてはその根底にあるところの信教の自由および結社の自由によって保護されるべきである。すなわち、司法審査の対象とすることは避けられなければならない。

以上の結論は、さきに見た「法律上の争訟」性の要件のあてはめと同一に帰する。これは偶然ではない。部分社会論は要するに、「純然たる団体の内部事項は司法審査の対象とならない」というのであるが、このような事項は「法律上の争訟」には通常該当しないからである。

■参考文献■

芦部・憲法三一一頁以下、三一六頁以下
佐藤(幸)・現代国家と司法権二〇一頁
同・憲法四九七頁

30 法律上の争訟 ②

原子力発電所の周辺住民が経済産業大臣を相手取って提起する原子炉設置許可取消訴訟（行政訴訟）、および電力会社を相手取って提起する操業差止訴訟（民事差止訴訟）において、原発の安全性をめぐる科学論争の中身に裁判所が立ち入ることの是非を、元信者が宗教団体を相手取って提起する寄付金返還訴訟（要素の錯誤に基づく不当利得返還請求訴訟）において、「ご神体」が教祖の作であるかについての真贋論争の中身に裁判所が立ち入ることの是非と比較しつつ論じよ。

論点
1　「科学裁判」における審判権とその限界
2　「宗教裁判」における審判権とその限界

I　問題の所在

いわゆる科学裁判や公害裁判での事実認定に関しては、裁判所の専門技術的能力が欠如しているにもかかわらず裁判所の審判権が当然に肯定され、現に裁判所は因果関係や安全性の実体に踏み込んだ判決を下している。

他方、教義がからむ裁判（適切な表現ではないが以下「宗教裁判」の語を用いる）においては、事実認定が可能であっても法律上の争訟性が否定される（「板まんだら」事件最高裁判決昭和五六年四月七日民集三五巻三号四四三頁）。

このような相違が生じるのはなぜか。なぜ「科学裁判」での事実認定は、裁判所の能力を大きく超えているにもかかわらず法律上の争訟であることが疑われず、逆に「宗教裁判」においては裁判所の能力の範囲内の事実認定すら、なされえないのか。換言すれば「科学裁判」では「法令の適用による終局的解決の可能性」が肯定され、「宗教裁判」ではそれが否定されるのはなぜか。本問は「法令の適用による終局的解決の可能性」の意味を問うものである。

II 「科学裁判」における審判権とその限界

裁判は事実認定と法の解釈・適用とからなり、事実認定についても、公正取引委員会の認定事実につき実質的証拠法則がとられる（独占禁止法八〇条）などの他は裁判所の専権事項である。とはいえ裁判は当事者の対等な攻撃防御による主張・立証に基づいて行なわれるから（当事者主義）、裁判所による事実認定といっても裁判所が職権で実体的真実を発見するわけではない。当事者の主張立証が不十分で事実関係について裁判所が心証形成に至らない場合には、立証責任の分配によって一方当事者の主張する事実関係が法適用の基礎となる。このように当事者主義の下で立証責任のルールなどに依りつつも、裁判所が事実認定について実体審理（事実の存否についての実質的判断）を尽くすことは当然であると考えられている。

しかしながら、因果関係等について高度の科学論争がなされ、それが裁判所＝通常人の知識と理解能力を超えている「科学裁判」においては、そもそも当事者の主張立証が科学的見地から十分になされたのかの判断を裁判所が下すこと自体が不可能であろう。このような場合にも、「立証がない」として、立証責任のある側の負担に帰することにすれば、実体判決を下すことはもちろん可能である。しかしながらこのような実体判決は、およそ実体審理を尽くしたものでない点に注意すべきである。裁判所は、当事者の具体的主張立証が不十分であったから立証責任によって実体判決を下しているのではなく、当事者の主張立証が初めから不可能だから（つまり裁判官の心証形成につながらないから）機械的に立証責任のある側を負かしているにすぎないからである。

もとより、公害裁判においてとられたような、因果関係の蓋然性論や立証責任の転換の工夫によって、被害者の救済を実現することは可能である。しかしながら、これらの工夫は、過去に生じた損害の負担を誰に負わせるのが公平かという規範的政策的観点を、事実認定のルールに仕立て上げた結果であって、実体審理が尽くされたというのとはやはり異なるように思われる。

まして原発訴訟の場合には、被害が生じればきわめて甚大であるが、過去に生じた損害の負担の公平な分担が問題となっているのではなく未来を指向した危険性の管理のあり方が問われるのであり、立証責任や因果関係論によって損害負担の公平化をはかればよかった公害裁判に比べて、利益状況は異なっている（参照、原田・後掲一八一頁以下）。

そこで、原田尚彦教授は、①原子炉設置許可の取消しが求められるような高度の科学的争点を含む行政訴訟においては、(a)裁判所は行政の専門技術的判断に自己の実体的判断を代置する「実体的判断代置方式」を断念し、(b)代わりに行政が安全性を認定するに至ったプロセスが公正で、判断過程に瑕疵がなかったかどうかの手続的統制に専念するという「手続論的審理方式」をとるべきであると提唱する。

もっとも「手続」の中身は、現行法の不十分な手続要件だけでは足りず、「当事者が法廷で行政判断の形成過程における行政庁の公正を疑わせる所為を具体的事実に基づいて指摘してきた場合には、これにこたえて、個々的にその疑問点の適否を審査し、それが公正な実体形成の障害となると認めるときには、これを手続過程における瑕疵と認めていけばよい」とする。すなわち、裁判所の能力を超える科学論争については、実体審理に代えて、適正手続の観点からの統制のみを行なうべきである、と説くものである。

伊方原発訴訟最高裁判決（平成四年一〇月二九日民集四六巻七号一一七四頁）は、審査基準の合理性および判断過程の過誤を審査対象としており、原田説に近い考え方をとったものとして注目される。また、原田教授は、民事訴訟においても、立証責任は裁判所の決定事項ではなく、法律事項と解するべきであるという（原田・後掲一八三頁）。すなわち、原告が具体的危険発生の不可避性が通常人の疑う余地のないほど確実であることを立証する責任を負う「具体的危険立証説」と、正反対に、安全であるとの確証がなされないかぎり差止請求を認容するという「抽象的危険説」とがありうるが、いずれを選択するかは立法を待つべきであるというのである。

科学論争についての裁判所の審判権の限界を考えるうえで、重要な判例として技術士国家試験事件最高裁判決（昭和四一年二月八日民集二〇巻二号一九六頁）がある。同判決では、「国家試験における合格、不合格の判定も学問上または技術上の知識、能力、意見等の優劣、当否の判断を内容とする行為であるから、その試験実施機関の最終判断に委せられるべきものであって、その判断の当否を審査し具体的に法令を適用して、その争を解決調整できるものとはいえない」とされた（「板まんだら」事件判決も同判決を引用する）。

同判決は、科学上の見解の当否は「法令の解釈適用による解決可能性」を有していないから、裁判所の審判権の範囲の外にある、としたものである。原発訴訟と同様に右技術士国家試験の事案でも、「当事者間の具体的権利義務ないし法律関係の存否に関する紛争」であることは疑いない。それ故、「科学論争は法律上の争訟性を欠く」という命題が原発訴訟において右技術士国家試験事件判決の延長上で成り立つ余地も否定出来ないように思われる。そうであれば、行政訴訟においては手続の適正さに焦点を絞った「手続論的審理方式」が、むしろ裁判所の審判権を精一杯認める議論ということになろう。

なお、以上の議論は、技術士国家試験事件判決の真意が行政の専門技術的裁量を認めることに尽きるのであれば、同判決からは帰結されない。やや類似の事案として、郵便貯金目減り訴訟最高裁判決（昭和五七年七月一五日判時一〇五三号九三頁）があるが、同判決は、経済政策は「事の性質上専ら政府の裁量的な政策判断に委ねられている事柄」であるとして、自由裁量論により訴えを退けた。但し、同最高裁判決について佐藤功教授は、「このような紛争については、そもそも物差しとすべき法が存在しない」から、「『法律上の争訟』となり得ない」とする（佐藤功・後掲一七頁）。

III 「宗教裁判」における審判権の限界

いうまでもなく、この問題のリーディングケースは「板まんだら」事件判決（前出）である。原告は、①「板まんだら」は偽物であり、②被告教団側は募金時に示した「広宣流布」達成の時期であるという教義の解釈を後に変更したなどとして、要素の錯誤を主張した。

同二審東京高裁判決（昭和五一年三月三〇日判時八〇九号二七頁）は、裁判所は、(a)原告側の意思表示の内容と意思の不一致の有無、(b)被告側が募金に際して表示した事実、(c)教義における見解の相違が要素の錯誤をもたらすか、について認定すれば足りるから、教義の内容に立ち入らずに実体判断が可能であるとした。実体審理は「板まんだら」の真偽を含む社会学的事実の全てにわたる必要はなく、法令の解釈適用にとって必要な事実だけに限定してよいのであり、同事案においては教義に関する判断を回避しつつ必要な事実認定を行ないうる、としたものであろう。

これに対し最高裁判決多数意見は、原告主張①についても「信仰の対象についての宗教上の価値に関する判断」が必要であり法令の適用によっては解決しえないとして、法律上の争訟性を否定した。二審における実体審理の範囲の技巧的な限定を退け、教義に係わらざるを得ないことを正面から認めたものである。

逆に寺田意見は、教義に関する判断には裁判所の審判権が及ばないことを認めつつ、まさにそれ故に、「裁判所は、当該宗教上の問題に関する被上告人らの錯誤の主張を肯定して本件金銭の給付が無効であるとの判断はできないこととなる」から、原告側の立証が失敗に終ったものとして請求を棄却すべきであるとした。立証不能の場合と見なして、立証責任により解決する手法であり、科学裁判ではむしろ一般的な考え方である（前述）。

宗教団体の処分が争われる事案において、本門寺事件最高裁判決（昭和五五年四月一〇日判時九七三号八五頁）は、判断内容が教義にわたらないかぎり手続の適正さの審理が可能であるとするが、この考え方は行政訴訟の形態の「科学裁判」における「手続論的審理方式」に少なくとも表面上は近似する。

IV　検　討

「科学裁判」においても「宗教裁判」においても、裁判所の判断能力を超え法令の解釈適用によっては解決しえない事柄が争われているのである。そのかぎりで両者は、裁判所の審判権の関係では共通の性格を有している。

そこで、「科学裁判」の場合には技術士国家試験事件判決を額面どおりに受けとめ、また、「宗教裁判」の場合には「板まんだら」事件判決多数意見に従い、いずれの場合にも法律上の争訟性を否定することも一つの考え方であろう。

逆に、「科学裁判」の場合には通説的立場であり、「宗教裁判」の場合には寺田意見の立場であるが、立証不能の場合にも立証責任によって実体判決が可能であるとの考え方により、法律上の争訟性は認めつつ機械的に実体判決（原告敗訴判決）を下す方法もあろう。さらに、「科学裁判」においては原田説および伊方原発訴訟判決、「宗教裁判」においては本門寺事件判決の考え方であるが、手続審理に審理を集中させる方法もあにもかかわらず、通説は「科学裁判」については全面的実体審理を要求し、他方「宗教裁判」では法律上の争訟性を否定するという対照的な立場をとっている。この点を合理的に説明するとすれば、次のようにいう他はないであろう。

すなわち、「科学裁判」においては科学論争の当否について国家が一方に与することは、国家の科学政策上の判断として許されるが、法律上の争訟の解決を任務とする裁判所の権限は、科学論争の当否には及び得ない。そこで、この問題については、立法・行政の広範な専門技術的・政策的裁量に委ねられざるをえないが、他方、被害者の救済（予防的差止めを含む）は裁判所の本来的権限事項であるから、裁判所は科学論争の当否そのものには触れることなく、立証責任の公平な分配によって、被害者救済の実をあげることができる。

これに対して、「宗教裁判」においては、教義の解釈に国家が立ち入ることは国家の宗教的中立性ないし政教分離原則の要請から禁じられる。裁判所もその例外ではないから、権利の救済にとって必要な場合であっても、教義に多少とも関係する問題が含まれる訴訟を取り上げることはできない。

以上のように、「科学裁判」では司法権に固有の限界が問題であるにすぎないのに対して（にもかかわらず立証責任の技巧的配分で救済の実を挙げうる）、「宗教裁判」では国家権力それ自体の限界が問題となっているという基本的相違があり、通説の両者に対する姿勢が正反対であるのは、この点を反映しているものともいえよう。

参考文献

佐藤(幸)・憲法四九七頁
佐藤功「『法律上の争訟』と司法権の限界」民事研修二三七号一七頁
原田尚彦「裁判と政策問題・科学問題」新堂幸司編『講座民事訴訟1』(一九八四年、弘文堂)一八一頁以下

31 司法審査①

私人間の民事訴訟では、法令の合憲性が主たる争点である場合にも実質的な当事者である国が訴訟当事者として関与する余地がないために、私人である当事者の不十分な憲法論議の下に法令違憲判決が下される余地のあることが指摘されている。そこで国会では、法令審査の行なわれる訴訟に常に国が当事者として関与出来るようにするために、つぎのような内容の「民事事件における司法審査の特例に関する法律」(「特例法」と略称)を制定したものとする。当該法律の合憲性を論じよ。なお、以下の仕組みにおいても、最高裁が法令審査権を行使する終局裁判所であるという八一条の要請は少なくとも形式上は満たされている。

A条　国を当事者としない民事訴訟(以下、「原事件」という)においては、当該事件の係属する裁判所には司法審査権はないものとする。

B条　当該事件に関連する法令の違憲性を主張する当事者は、別途国を相手取り当該法令の対世的・一般的取消しを求める「法令取消しの訴え」（主観訴訟である行政訴訟の一種と位置付けられているものとする）を提起し、勝訴判決を得なければならない。同訴訟が提起された場合には、確定判決に至るまでの間、原事件の審理は中断する。
C条　前条の訴えにおいて法令の取消しを命ずる終局判決が下された場合には、原事件を審理する裁判所は当該法令を無効なものと見なさなければならず、したがって当該事件に当該法令を適用することは許されない。

■論点
1　私人間の紛争と司法審査
2　付随審査制の意義

Ⅰ　問題の所在

司法審査は司法権の通常の作用であるところの、具体的事件の解決に際して必要不可欠である場合にのみ行使されうる（付随審査制）。この付随審査制の要請は、当事者間の具体的事件の法的解決こそが司法権の権限であり、司法審査権もまたこのような司法権の一環として裁判所に与えられている、という考え方から導き出されている。当事者主義的構造に立つ裁判手続の下で、当事者が自己の権利・利益をめぐって真摯な主張立証を繰り広げ、中立的な法解釈機関であるところの裁判所が事実認定に基づいて法的裁定を下し紛争を解決する――付随審査制においてはこのような司法権のあり方のなかにビルトインされたものとして、司法審査権も当事者主義的構造の下に置かれているのである。

ところが、当事者主義的審理構造の下で司法審査権が行使されるという付随審査制の建前には、自己矛盾に近い構造的な困難がある。それは、私人間の紛争という正に対等の当事者間の争訟で違憲の争点が提起され司法審査がなされる場合には、憲法問題についての真の当事者というべき国が関与しないままに私人間の攻撃防御のやり方に司法審査の結果が事実上影響を受けるという問題である。

II 私人間の紛争と司法審査

もちろん、形式的には憲法解釈は法律問題であるから、当事者の主張立証とは独立に、この点ではいわば職権的に裁判所が憲法判断を加えればよい。しかしながら、そもそも司法審査基準というものを振り返ると、厳格審査基準とは司法審査の対象となる法令に違憲の推定が働き、当該法令の合憲性を主張する側に論証の責任が課されるということである。また、緩やかな審査基準とは、法令に合憲性の推定が働き、その推定を覆そうとする側に論証の責任が課されるというものである。審査基準は当事者の一方に課されたいわばハンディキャップであり、論証いかんでは逆転の可能性を秘めている。それ故、私人間での紛争においては、法令の合憲性をめぐる攻撃防御の論証の優劣によって法令そのものの合憲性が事実上決まるともいいうるのである。

このように、私人間での憲法裁判においては、国という実質的当事者に攻撃防御の機会を与えぬまま、私人間での論証の優劣という多分に偶然的な事情に司法審査の結論を委ねる格好になっているのである。

なお、「国の利害に関係のある訴訟についての法務大臣の権限等に関する法律」（昭和二二年法律第一九四号）には、「法務大臣は、国の利害又は公共の福祉に重大な関係のある訴訟において、裁判所の許可を得て、裁判所に対し、自ら意見を述べ、又はその指定する所部の職員に意見を述べさせることができる」（四条）との規定がある。私人間の紛争で司法審査がなされようとしているケースが同条の「国の利害又は公共の福祉」に該当するかは、特に最高裁の違憲判決でさえ個別的効力しかないとされていることを考えると疑問である。また、国が同法に従って意見を述べたとしても、本問特例法B条のように国が直接に当事者として合憲性を争う場合ほど十分な論証が期待できるわけではない。

さらに、行政事件訴訟法四五条では、いわゆる争点訴訟が定められ、民事事件で前提問題として行政処分の効力が争われる場合に、行政庁の申立てないし職権で行政庁を当該訴訟に参加させることができる旨定められている。その結果、私人間の紛争で行政処分の違憲性が主張されている場合には行政庁が参加の機会を得ることになるが、本問のように法令の違憲性が主張される場合には国には参加の機会は保障されていない。

そこで、本問特例法では、私人間の事件の係属する裁判所には司法審査権を認めず（A条）、代わりに、国を相手取り別に法令の取消訴訟を提起しうるとし（B条）、原事件の係属する裁判所は右の法令取消訴訟の終局判決に拘束される（C条）という仕組みがとられている。この仕組みの下では、国の当事者としての関与が当然に保障されているから、前述のような私人間での攻撃防御の優劣に司法審査が左右されるという構造的な問題は回避されることになる。

しかしながら、国を関与させるためとはいえ、本問A条、C条のように私人間の紛争の係属する裁判所から司法審査権を奪うことが、付随審査制の要件を満たすといえるのであろうか。また、B条のように私人間の違憲の争点を含む紛争の当事者に対してであれ、国に法令の取消訴訟を提起しうるとすることは、抽象的審査制に途を開くものではないか。これらの点を検討する必要がある。

III 付随審査制の意義

付随審査制とは、「通常の裁判所が、具体的な訴訟事件を裁判する際に、その前提として事件の解決に必要な限度で、適用法条の違憲審査を行う方式」（芦部・憲法三四九頁）である。日本国憲法が付随審査制を採用していることの根拠は、必ずしも自明なものではない。

リーディングケースである警察予備隊事件最高裁大法廷判決（昭和二七年一〇月八日民集六巻九号七八三頁）は、「わが裁判所が現行の制度上与えられているのは司法権を行う権限であり、そして司法権が発動するためには具体的な争訟事件が提起されることを必要とする」との理由で抽象的審査説を排除し付随審査説を採用した。その理由付けを図式化すれば、次のように言い換えることが出来るであろう。

(イ)憲法上与えられた裁判所の権限は司法権のみである（七六条）。(ロ)すなわち司法審査権も司法権に属するものとして裁判所に付与されている。(ハ)司法権とは、具体的事件・争訟を法の解釈適用によって解決する国家作用である。(ニ)以上から、憲法八一条の司法審査権は、司法権すなわち事件・争訟の法的解決作用の一環としてのみ裁判所に付与されている、という帰結が得られる。これはすなわち付随審査制が憲法上とられていることを意味する。

以上の推論過程は一見するとスキのないもののようにみえる。しかしながら、(イ)とそこから導かれる

(ロ)とは、いずれも根拠のない独断にすぎない。七六条一項は、すべての司法権が裁判所に属するといっているが、司法権だけが裁判所に属するとはいっていない。司法権とならんで司法審査権という別個の権限（抽象的審査権限）が、やはり裁判所に属するという読み方も出来ないではない。

それはともかく、当事者間での事件・争訟に付随して、その解決に必要なかぎりでのみ司法審査権が行使されるという付随審査制の仕組みは、事件・争訟の法的解決をこととする司法権が裁判所に属し、司法審査権も司法権の一部に含まれるという――いささか独断的な――根拠にのみ支えられているのである。

なお付言すれば、抽象的審査説に対する批判として、憲法八一条は抽象的審査の手続等を何ら定めていない点が指摘される（芦部・憲法三四九頁）。しかし、このように指摘するだけでは、法律によって抽象的審査制を導入することの批判にはなりえない。憲法は抽象的審査権を司法権そのものとは区別して並列的に司法権に与え、その具体的手続は法律に委任しているという見方もありうる（これはいわゆる法律委任説ではない。同説は、付随審査か抽象的審査かという二者択一自体を憲法は法律に委任しているという立場である）。

IV　検　討

それでは、本問特例法は付随審査制の要件を満たしているか。特例法の特徴は、裁判所が司法審査をなしうる場合を国が一方当事者になっている場合に限定し、私人間の紛争の場合には当該裁判では裁判所は司法審査権を行使せずに別訴で国を相手取る「法令取消訴訟」を当事者に提起させ、その訴訟のなかで初めて裁判所が司法審査権を行使しうるという仕組みがとられていることである。

すなわち、(1)本問特例法では、私人間の紛争を裁定する裁判所自身が当該事件の解決に付随して司法審査権を行使するわけではない（A条）。(2)しかしながら、事件と無関係に司法審査がなされるわけではなく、事件の当事者が自己に不利な法律の適用を回避するために別に法令取消訴訟を提起して国と争うのであるから（B条）、そこでの司法審査は事件に付随してなされているといえなくもない。(3)私人間の争訟は、別訴である法令取消訴訟の確定判決を待って、そこでの司法審査の結果をそのまま前提とするのであるから（C条）、司法的救済に欠けるところはない。

このような特質を有する本問特例法は、そのA条とC条についていえば、付随審査制の要請を満たすといえるものと思われる。なぜなら、付随審査制は、日本国憲法は抽象的審査制をとってはいないという消極的根拠の他、司法権を行使する裁判所が司法権の一環として司法審査権を行使するのであるから事件の解決に付随してのみ司法審査権を行使しうるのだ、という根拠に支えられていた（前述）。本問特例法A条、C条は、司法審査権が行使される場面を司法権の本来的守備範囲であるところの主観訴訟（すなわち事件・争訟）に限定しており、ただその場面をB条によって法令取消訴訟という特殊な裁判手続に排他的に委ねているにすぎない。本問特例法においても、私人間の紛争で司法審査権が行使される に際しては事件・争訟性の要件が堅持されているわけであり、全体としてはこれまでの私人間の紛争における司法審査と変わるところはなく、ただ司法審査の手続が国を相手取る法令取消訴訟に移管されているにすぎないのである。

厄介な問題があるとすれば、それはB条であろう。同条はそれだけを独立に見れば、国を相手取り法令の一般的合憲性を争う途を国民に開いているように見えるからである。もしそのような途を同条が開いているのであれば、同条はいうまでもなく抽象的審査制を法律によって導入するものであり、付随審査制の立場からは許されないことになる。

しかしながら、法令取消訴訟はあくまで私人間で自己に不利な法令の違憲性を主張しようとする側だけが提起しうるのであり、利害関係人の主観訴訟であるから、そのなかで行なわれる司法審査は結局のところ抽象的審査とはいえない。

残るB条の問題は、法令取消判決が出た場合の効力が対世的・一般的なものだということであろう。この点で本問特例法は、私人間の民事訴訟で最高裁によって違憲判決が下されてもその効力が個別的効力に限定されていること対比すると、違憲判決の効力を現行制度よりも拡大するものといえる。

個別的効力説が通説であり、その根拠は付随審査制からは違憲判決の効力も当該事件かぎりと考えるのが自然であること、一般的効力説は憲法四一条に違反する疑いがあることなどであった。この批判を受け入れると、本問特例法はB条が違憲法令の対世的・一般的取消を裁判所に可能ならしめている点で、付随審査制からは広すぎる権限を裁判所に付与するものであり、また四一条にも触れるとの結論が導かれよう。

参考文献

芦部・憲法三四九頁、三五〇頁以下
佐藤(幸)・憲法二九五頁以下

32 司法審査 ②

日米安保条約に対する司法審査の可否と、衆議院の解散に対する司法審査の可否を比較しつつ論じよ。

論点

1 統治行為の意義
2 安保条約の司法審査
3 解散権行使の司法審査

I 問題の所在

日米安保条約と衆議院の解散については、ともに「高度に政治性を有する国家行為」であるという理由で司法審査の対象外であるとする最高裁判決が下されている。砂川事件最高裁大法廷判決（後出）と苫米地事件最高裁大法廷判決（後出）である。しかしながら、前者は統治行為論と自由裁量論の両方の要素を含んでいるのに対して、後者は統治行為論のみを用いており言い回しに微妙な差がある。最高裁がどこまで考えた上で両事案でニュアンスの差異を設けたかはともかく、事案に即して両者の差異を説明することは可能であろうか。

II　統治行為の意義

そこでまず、統治行為の意義が問題となる。標準的な定義によれば、統治行為とは国家機関の行為のうち高度の政治性を有する行為であって、それについて法的判断は可能であっても高度の政治性という性質上、裁判所の司法審査から除外されるものをいう。

統治行為論の具体的範囲については、広く解する立場から狭く解する立場まで様々である。最広義説は、①国家全体の運命に関する重要事項（外交や国防に属する事項）、②国会および内閣（「政治部門」）の組織・運営に関する基本事項（両議院の議員の懲罰、議院における議事手続など）、③政治部門の相互間に関する事項（衆議院の解散など）、④政治部門の政治的・裁量的判断に委ねられた事項（国務大臣の任免や国務大臣の訴追に対する内閣総理大臣の同意など）、が統治行為であるという。

しかしながら、②は国会・内閣の自律権の問題として司法審査から除外することができる。④は政治部門の自由裁量の問題である。すると①と③が残るが、③も解散権行使の要件という実質面は裁量論で、閣議の成立という形式面は自律権論で対処できる。

すなわち、①を除けば、強いて統治行為論で説明する必要はない（以上、佐藤(幸)・憲法三五七頁以下）。それ故、最狭義説は①だけを統治行為と解する。

また、統治行為論は反法治主義的であることから、統治行為論否定説も唱えられている。

通説は最狭義説に絞って統治行為論を認めたうえで、人権の重大な制限（佐藤(幸)・憲法三五八頁）、あるいは精神的自由権（芦部・憲法三一五頁）の制限にかかわる場合には、同論の適用を否定する。

III　統治行為の根拠

以上のような統治行為の存在を認め、当該行為に対しては法的評価が可能であるにもかかわらず司法審査の対象から除外するという統治行為論は、いかなる根拠を主張するものであろうか（以下、中村・論点憲法教室四七頁以下、芦部・憲法三一五頁）。

内在的制約説は、統治行為を国民主権下の三権分立の原則に基づく司法権の内在的制約として根拠づける見解である。高度の政治性を帯びた行為は、政治的に無責任な（国民によって直接選任されていない）裁判所の審査の範囲外にあり、その当否は国会・内閣ひいては主権者国民の判断に委ねられているとか（判例）、若干の国家行為は三権のいずれにも属さず、国民が直接に判断するために留保されている、などと説明する。

自制説は、法理論上は法律問題は裁判所の審査によって決定するのが当然であるから、統治行為論を法理論上根拠づけることはできないとしつつ、司法審査を行なうことによる混乱を回避するために裁判所が自制すべきであるという。

折衷説（芦部説）は、内在的制約説を基本に置きながら自制説を加味し、権利保障および司法救済の必要と裁判の結果生ずる事態、司法の政治化の危険性、司法手続の能力の限界、判決実現の可能性などを考慮に入れ、事件に応じて具体的に統治行為論の論拠を明らかにすべきであるという。通説といってよいであろう。

IV　安保条約の司法審査

安保条約の司法審査が可能かを考える場合にまず問題となるのは、①条約の司法審査が可能かという点であり、次に問題となるのは、②一般的には可能であるとしても安保条約のような高度の政治性を有する条約の司法審査は可能か、という点である。

①はまず(イ)憲法と条約（正確にはその国内法的効力）の規範としての優劣という問題と、そこで憲法優位説をとるとしても、次に(ロ)八一条には司法審査の対象として「条約」が明記されていないにもかかわらず条約に対して司法審査権が及ぶか、という問題を含んでいる。

②は統治行為論、あるいは政治部門の自由裁量論が成り立つか、という問題である。

日米安保条約の司法審査の可否については、砂川事件最高裁大法廷判決（昭和三四年一二月一六日刑集一三巻一三号三二二五頁）が次のように述べ、原則として司法審査の範囲外であるとした。

「本件安全保障条約は、……主権国としてのわが国の存立の基礎に極めて重大な関係をもつ高度の政治性を有するものというべきであって、その内容が違憲なりや否やの法的判断は、その条約を締結した内閣およびこれを承認した国会の高度の政治的ないし自由裁量的判断と表裏をなす点がすくなくない。それ故、右違憲なりや否やの法的判断は、純司法的機能をその使命とする司法裁判所の審査には、原則としてなじまない性質のものであり、従って、一見極めて明白に違憲無効であると認められない限りは、裁判所の司法審査権の範囲外のものであって、それは第一次的には、右条約の締結権を有する内閣およびこれに対して承認権を有する国会の判断に従うべく、終局的には、主権を有する国民の政治的批判に委ねられるべきものであると解するを相当とする」。

同判決は、前述の①については特に触れることなく暗黙のうちに肯定し、②について前記のように安保条約のような高度の政治性を有する条約の司法審査は原則として許されないとしたのである。

しかしながら、その理由が狭義の意味での（すなわち国家全体の運命に関する重要事項としての）統治行為論なのか、それとも政治部門の自由裁量論なのかは、いずれとも断定しがたい。

次に学説であるが、まずそもそも条約の司法審査が可能かという点については、条約優位説に立ちこれを否定する見解もないではない。しかしながら、条約締結権は憲法に根拠を有すること、条約優位説では簡便な条約締結手続によって実質的に改憲することが可能となってしまうことなどから、憲法優位説が妥当とされる（佐藤(幸)・憲法三二一頁）。国内法である憲法と競合するのは条約の国内法的効力であり、国際法としての条約そのものではない点も憲法優位説を根拠づけるであろう。今日では憲法優位説が有力である（野中ほか・憲法II四〇六頁〔野中俊彦〕）。

以上のように、条約一般について司法審査対象性が肯定されたとしても、安保条約のような条約については その高度の政治性ゆえに、司法審査の対象となるかがさらに争われる。

統治行為論肯定説をとり、さらに安保条約を狭義の統治行為論によって捉えると、司法審査は全く及ばないことになる。

逆に統治行為論否定説をとれば、当然に司法審査の対象となることになる。ただこの場合にも、はたして裁判所が依拠すべき判断基準があるのかが問題となる（参照、佐藤(幸)・憲法三五七頁）。また、統治行為論を理論としては否定しても、安保条約を代わりに政治部門の自由裁量の問題として捉えるのであれば、これは砂川事件最高裁判決の「統治行為論もどきの自由裁量論」と何ら異ならないことになる。

V　解散権行使の司法審査

衆議院の解散は、議院内閣制の機能の一つであり、議会と内閣という政治部門の相互関係に係わる事項である。それ故、これも広義の統治行為に含まれるが、その実態は、①解散の実質的要件については内閣の自由裁量論、②閣議の手続的要件については内閣の自律権論である（前述）。それ故、衆議院解散の司法審査が可能かを考えるにあたっては、①と②を区別する必要がある。

この問題のリーディングケースである苫米地事件最高裁大法廷判決（昭和三五年六月八日民集一四巻七号一二〇六頁）は次のように述べた。「現実に行われた衆議院の解散が、その依拠する憲法の条章について適用を誤った故に、法律上無効であるかどうか、これを行うにつき憲法上必要とせられる内閣の助言と承認に瑕疵があったが故に無効であるかどうかのごときは裁判所の審査権に服しない」。「直接国家統治の基本に関する高度に政治性のある国家行為……は裁判所の審査権の外にあり、その判断は主権者たる国民に対して政治責任を負うところの政府、国会等の政治部門の判断に委され、最終的には国民の政治判断に委ねられている」。「この司法権の制約は、結局、三権分立の原理に由来し、……司法権の憲法上の本質に内在する制約と理解すべきである」。

判旨は解散の実質的要件（七条解散の合憲性）、手続的要件（閣議の議事手続の不備）の両面で、純粋な統治行為論を採用し、司法審査の可能性を全面的に否定した。学説は解散につき、政治部門の相互関係に関する事項として広義の統治行為論に含まれるとする説と、その実態は実質的要件についての内閣の自由裁量と形式的要件についての内閣の自律権からなり、自由裁量論と自律権論で説明が可能であるとする説などがある（前述）。いうまでもなく、説明の差にすぎない。

VI 検　討

判例は、安保条約の司法審査については、自由裁量論の入り交じった統治行為論を採用した。「純粋の統治行為論ではなく自由裁量論の要素を多分に加味した、すっきりしない立場」（芦部・憲法三一四頁）とされるところである。

これに対して苫米地事件判決は純粋の統治行為論を採用し、自由裁量論のような司法審査の余地を一切残していない。

両者を比較すると、「政治性の程度からいえば、国の存立の問題と解散とでは、前者の方がヨリ基礎的と考えられ、それに司法審査権の及びうる場合が認められるのはバランスを失する」（小嶋・後掲四九二頁）と思われる。

にもかかわらず、両ケースについての判例の考え方がこのように異なるのはなぜであろうか。

一つの説明として、砂川事件は刑事特別法違反が問われた刑事事件であり、国民の基本的人権に係わる事案であったが、苫米地事件は議員の身分という特殊な地位が争われたにすぎない事案であったという、事案の相違を指摘することができる。基本的人権に係わる事案では純粋な統治行為論を用いることは出来ず司法審査の余地を残しておくべきである、という通説と同様の考え方を砂川事件判決もとっていたと解すれば、両判決の相違の説明がつく。

いま一つの説明としては、条約と衆議院の解散とでは主権者国民が自ら合憲性の判断を示す実際の機会が異なるという制度の仕組みの相違を指摘することができる。条約締結は内閣の権限事項であり（七三条三号）、国会の承認はもちろん必要であるが、主権者国民の判断が直に問われるわけではない。これに対して解散の場合には総選挙によって解散そのものの是非に対しても主権者国民の意思表示がなされるのであるから、純粋の統治行為論を採用する条件が条約の場合よりも整っているということができる。

最後に、国会や内閣の自律権に係わる場合には自由裁量論の出番はなく、司法審査は全面的に排除されるが、両事案でこの点の相違もあったことが指摘されよう。すなわち、内閣の条約締結ならびに国会の条約承認は、いずれも政策的な裁量行為であり、内閣による解散権行使も実質的要件の存否の判断の点では同様であるが、閣議が成立していたかという手続的要件の点は裁量の問題ではなく内閣の自律権の問題である。苫米地事件では解散の実質的要件と並んで手続要件が争われたため、内閣の自律権により司法審査が全面的に否定されたという説明も（判決文からは必ずしもそう解されないが）可能であるかもしれない。

▩参考文献▩

芦部・憲法三一三頁以下
小嶋和司『憲法概説』（一九八七年、良書普及会）四九二頁

佐藤(幸)・憲法三二頁三五四頁以下
中村・論点憲法教室四七頁以下
野中ほか・憲法II四〇六頁 [野中俊彦]

33 司法審査 ③

国会では、「司法審査法」（仮称）を制定すべく、次の二案を検討中であるとする。
A　裁判所は法律が違憲であると判断した場合にも、同法を違憲無効とすることは出来ず、つねに違憲確認判決にとどめるものとする。
B　裁判所は法律が違憲であると判断した場合にも、同法を違憲無効とすることは出来ず、つねに同法の適用行為の違憲無効判決にとどめるものとする。
A、B両案の憲法上の問題点を検討せよ。

■論点
1　違憲確認判決の合憲性
2　適用違憲判決の合憲性

I　問題の所在

司法消極主義に立つ司法審査権の行使のあり方としては、民主的に制定された法律を無効とする法令違憲無効判決よりも、法律の違憲性を確認するにとどめ立法者に改正を促す法令違憲確認判決が、より相応しいのではないかが問題となる。他方で付随審査制の下では、司法審査権は事件・争訟の解決に必要な場合にのみ認められる。したがって、事件の法的解決に役立たない法令違憲確認判決は、付随審査制の観点からは疑問ということになる。以上がA案の問題状況である。

それでは、付随審査制の要件から、法令違憲無効判決が必然的に要請されるかといえば、必ずしもそうとはいえない。法令は通常、国の執行行為を通じて具体的事案に適用され、それが事件となるのであるから、事件の解決の観点からは、個別具体的な適用行為を司法審査の対象とすれば足りるはずである。のみならず、適用行為を違憲無効とする判決は法律そのものを違憲とするわけではないので司法消極主義の観点からも好ましい。以上がB案の問題状況である。

なお以上とは別に、A、B両案に共通する問題として法律で司法的救済方法を特定しうるのか、という問題もある。司法的救済のあり様はそもそも司法の専権事項であるともいいうるからである。しかしながら、「司法権そのものを根拠にそれに付随した権能として、権利保護と不可欠の範囲内で救済的手段方法を設けることも不可能ではない」(佐藤(幸)・憲法訴訟と司法権二五五頁)としても、救済方法の特定は当然に司法に委ねられているとまではいえないであろう。また、八一条の文言から法令違憲無効判決が司法審査制の要請のように見えるとすれば、それは誤りである。「違憲判断」と「違憲無効判決」はイコールではない。

II　法令違憲無効判決の効力

A、B両案で禁じられている法令違憲無効判決は、違憲判決の通常の方式である。しかしながら、当該「違憲無効」判決が具体的にどのような効力を有するのかについては、周知のように学説は分かれる。一般的効力説によれば、法令違憲無効判決は、当該法令を廃止するに等しい効力を有する。これに対し、個別的効力説によれば、法令違憲無効判決は当該事件において当該法令を無効として適用しないことを意味するにとどまる。なお、第三説として、違憲判決の効力のあり方は法律の定めに委任されているとする法律委任説がある（以上、野中ほか・憲法II二九八頁以下［野中俊彦］）。

一般的効力説は憲法の最高法規性などを根拠とし、個別的効力説は、付随審査制などを根拠とする。違憲判決の効力を論じる場合、現実に最高裁で下される違憲判決の実体法もしくは訴訟法上の効力が問題とされているのであって、法論理的に違憲なものの効力（論理的効果）が問題にされているのではない。そこで違憲判決の効力については、最高法規性という法論理上の命題よりも、付随審査制という実際の制度に照らして考えるべきである。それ故、個別的効力説が妥当であり、以下、法令違憲無効判決の効力については個別的効力説によって理解することとする。

III　違憲確認判決の合憲性

そこで本問A案をみると、当該「司法審査法」は違憲無効判決という通常の違憲判断の方法に代えて、違憲確認判決のみを認めるというのである。A案が合憲といえるかは、①最高法規性（九八条一項）との関係、②付随審査制（八一条）との関係、の二点から検討する必要がある。

まず①最高法規性からは、違憲の法令は法論理上、当然に無効であることになる。すると、法令違憲無効判決を禁止して代わりに法令違憲確認判決で済ませようとするA案は、法論理的に不可能を強いていることになる。

しかしながら、最高法規性を根拠として法令違憲無効判決以外ありえないという理屈は、前述のように法の論理と現実の救済制度とを混同していると批判することが可能である。法論理と救済制度とは別個の事柄であり、九八条があるからといって、救済制度のうえで違憲無効判決が唯一無二となるわけではない（参照、佐藤(幸)・憲法訴訟と司法権二三四頁、同・現代国家と司法権二八二頁以下）。それ故、最高法規性はA案の障害とはならない。

それでは次に②付随審査制からは、法令違憲無効判決ばかりでなく法令違憲確認判決が許されるであろうか。

付随審査制はいうまでもなく、具体的事件・争訟を法的に解決する通常の司法作用の一環として司法審査権を位置付ける。すなわち、付随審査制においては、事件の解決＝当事者の救済にとり必要な場合に、事件の解決＝当事者の救済に有意味なかたちで司法審査権を行使することが要請されるのである。

法令違憲無効判決の場合には、一般的効力説をとろうが個別的効力説をとろうが、当該事件において当該法令が有効なものとして適用されることはない。したがって、法令違憲無効判決は、事件の解決＝当事者の救済にとって、通常は有意味な判決方法である。

これに対して法令違憲確認判決は、違憲を確認するだけであるから、当該法令の当該事件への適用が当然に排除されるわけではない。むしろ定数訴訟でみられるように、違憲を理由中で認めつつ「事情判決の法理」によって選挙を有効なものと扱うというスタイルの処理が、法令違憲確認判決の場合にもありうる。違憲であることの確認を将来に向かって行ないつつ（一種の将来効判決）、当面の事件には当該法令を有効なものとして適用するというやり方である。

しかしながら、いうまでもなくこのような法令違憲確認判決は、当該事件の解決＝当事者の救済にとり無意味な判決方法である。法令違憲確認判決が以上のようなものであれば、それは付随審査制の枠内での司法審査のあり方とはいいがたいことになる（なお参照、佐藤(幸)・憲法訴訟と司法権二三〇頁）。ただし、生存権や平等原則を理由として、より多くの受益を求める訴訟においては違憲無効判決では「元も子もなくなる」のであって、救済の観点からはむしろやぶへビということになる。そこでこのような場合には、例外的に立法不作為を含む法令の違憲確認判決が、救済のうえからも有意味ということになる。ただしA案は法律の性格によって場合を分けているわけではないので、一般的にはやはり付随審査制の枠組みから外れているというべきである。

IV　適用違憲判決の合憲性

本問B案は、法令違憲無効判決の代わりに適用行為の違憲無効判決を法定するものである。たとえば薬事法違憲判決の代わりに、薬局開設不許可処分行為の違憲無効判決（すなわち同処分が違憲違法であることを理由とする取消判決）が下されることになる。また、刑法改正によって削除された二〇〇条（尊属殺人罪）がなお存在したとすれば、右の場合、尊属殺人罪の法律違憲判決の代わりに、刑法二〇〇条に基づく公訴の提起や原審判決が適用違憲とされることになろう。

いわゆる適用違憲には、(a)法令は合憲であるが、その解釈適用行為が違憲である場合、(b)法令の合憲限定解釈が不可能である場合に、端的に法令違憲とする代わりにそうした法令を適用するかぎりにおいて適用行為を違憲とする場合、(c)法令の合憲限定解釈が可能である場合に、合憲限定解釈によって排除された当該法令の解釈を前提とする適用行為を違憲とする場合などがある。

B案では、法令違憲無効判決を禁じてその代わりに適用違憲無効判決を下せというのであるから、前記の(b)の意味の適用違憲を念頭に置けばよい。

B案についてもA案と同じく、①最高法規性、②付随審査制の二点が問題となる。このうち①については、法令違憲無効が九八条に示された法の論理の要請であれば、司法審査が法令違憲無効判決を避けるべきことを法定することは許されないのではないか、という点が問題となるが、そのようには解されないことはA案について既に述べたとおりである。

ここでも問題は、②付随審査制との係わりである。A案でも見たように、付随審査制を前提とするかぎり、事件の解決＝当事者の救済にとり有意味な違憲判決の方式がとられねばならない。法令違憲無効判決は、通常は有意味な違憲判決の方法といえる。

しかしながら、法令は常に適用行為によって具体的事件と係わるのであるから、事件の解決＝当事者の救済という目的にとっては、法令そのものの違憲無効判決を下すまでもなく法令の適用行為の違憲無効判決（すなわち当該事件への個別的不適用）で十分であるといえる。また、個別的効力説をとる場合には法令違憲判決の効力は当該事件での当該法令の不適用にとどまるのであるから、同説をとるかぎり法令違憲も適用違憲も実質的に異ならない。

さらに、適用違憲無効判決は法令違憲無効判決に比べると立法者に及ぼすインパクトがまるで異なり、より司法消極主義にかなっているといえる。

このように考えると、本問B案は付随審査制の趣旨を法律によって徹底するものであり、また司法消極主義にも沿うものであるから、違憲とはいいがたいことになる（なお、伊藤・後掲一二六頁は、司法審査の活性化の視点から適用違憲の活用を唱える）。

もっとも、付随審査制といっても、その目的は事件の解決＝当事者の救済に尽きるものではない。今日では「多かれ少なかれ憲法保障的機能も加味して考えねばならず」（佐藤（幸）・憲法三七五頁）、それ故、個別的効力説をとるとしても、法令違憲判決の場合には以後行政機関によって当該法令が「一般に執行されないことになるという効果」も派生すると考えれば（同）、法令違憲無効判決と適用違憲無効判決とはやはり区別しなければならないことになる。後者の判決の場合には、このような派生的効力は生じえないからである。

この点を重視すると、B案は、司法審査制度の憲法保障機能を著しく弱めるものであり、結局違憲ということになる。

▩参考文献▩

芦部・憲法三五七頁以下
伊藤正己『裁判官と学者の間』（一九九三年、有斐閣）一二六頁

佐藤(幸)・憲法三七四頁以下
同・現代国家と司法権二八二頁以下
同・憲法訴訟と司法権二三〇頁、二三四頁、二五五頁
野中ほか・憲法II二九八頁以下 [野中俊彦]

34 司法審査④

国会が法律（Ａ法）によって、最高裁が条例違憲判決を下した場合には当該条例はその時点で失効する旨を定めることは合憲か。

論点
1　法律違憲判決の効力
2　条例違憲判決の効力

I　問題の所在

法律違憲判決については、国会を唯一の立法機関とする四一条の存在などから、一般的効力説が批判され個別的効力説が通説となっている。しかしながら、この理屈は、条例違憲判決には使えない。それでは、条例違憲判決の場合には、一般的効力説も成り立ちうるのか。

また、国が法律違憲判決の一般的効力を法律で定めることの可能性と対比して、同様の効力を条例違憲判決について定めることは可能なのか。

本問は以上の諸問題を問うものであるが、いうまでもなく本問を解明する前提として、法律違憲判決の効力論に立ち入る必要がある。

II 法律違憲判決の効力

最高裁により法律違憲判決が下された場合に、当該違憲判断にいかなる効力が認められるかについては、周知のごとく個別的効力説、一般的効力説、法律委任説の三説がある。

このうち、通説である個別的効力説は、当該事件で当該法律を適用しないという、当該事件かぎりでの効力にとどまるものとして違憲判決の効力を捉えるものである。違憲判決の効力が過去に遡及しないことはもとより、(A)将来の同種の事案を処理する下級審裁判所に対しても判例としての拘束力以上の効力を及ぼすことはなく（実際には判例の拘束力はきわめて強い）、(B)行政機関は相変わらず当該法律の誠実執行義務（七三条一号）を負い（この点には異論もある）、(C)立法者は当該法律を失効されたわけではなく、また当該法律の改正・廃止の作為義務を負うものでもない。

付随審査制にあっては、通常の民事・刑事・行政事件を処理する裁判所が事件の解決に必要な場合に必要な範囲で司法審査を行なうのであり、司法審査も事件解決の一環としてなされるにとどまる。すなわち、(イ)事件性を備えた紛争に対して（事件性の要件）、(ロ)事実認定および法律解釈を経てまさに当該法律を適用しようとするときに初めて司法審査がなされ（憲法判断回避の準則）、(ハ)違憲判決の効力も当該事件かぎりのものである（個別的効力説）、という仕組みが付随審査制に忠実なあり方といえよう。個別的効力説は付随審査制と最も整合的な考え方といえる。

一般的効力説は、当該法律の法規範たる効力を当該事件を含み将来に向かって否定する効力を認めるものであるから、違憲判決を一種の消極立法と見なしていることになる。(A)将来の同種の事案を処理する下級審裁判所に対して当該法律は裁判規範性を否定されるとともに、(B)行政機関にとっても当該法律は存在しないのであるから誠実執行義務もない。さらに、(C)違憲判決が法律を直接に失効させるのであるから、立法者には何らの拘束力も及ばないかのごとくであるが、立法者に対しては同一内容の法律を再度制定してはならないという拘束力が及ぶと解すべきであろう。

同説は、九八条一項の「最高法規性」を主な論拠とする。しかしながら、同条項は法論理的に違憲なものは無効という論理命題を述べているにすぎず、八一条の司法審査という現実の制度における違憲判決の効力は九八条一項とは別に司法審査制のあり方や司法権の権限に即して捉えるべきである。

さらに一般的効力説には、国会を「唯一の立法機関」とする四一条に反して、最高裁に消極立法権を認めるものではないのか、といった問題もある。唯一の立法機関性に含まれる国会単独立法の原則からすれば、法律廃止行為という立法行為もまた国会のみの権限に属することとなるからである。本問との関係では、この点が重要である。

さらに法律委任説は、法律のない現状での違憲判決の効力についての解答にはなっていないが、憲法上は個別的効力とも一般的効力とも一義的には決まらず、個別的効力説、一般的効力説のいずれも憲法上は許容されているとするのである。仮に一般的効力説が八一条ないし四一条に照らして許されないと考えるならば、法律委任説といっても一般的効力を法定することはそもそも出来ないことになる。

III 条例違憲判決の効力

条例も法律その他の国家作用と同様に、司法審査の対象となる（八一条）。また条例は自治立法と称されるように、法律と同様の一般的法規範である。それ故、条例を違憲とする最高裁判決が下されると法律違憲判決と同様に個別的効力か一般的効力かという問題が生じる。

まず、一般的効力説をとることについては、法律違憲判決の場合には前述のように四一条が定める国会の唯一の立法機関性が妨げとなりえたが、条例違憲判決の場合には事情が異なる。なぜなら、地方議会には一般的効力を妨げるところの「唯一の立法機関」という位置付けが憲法上なされていないからである。

加えて、自治体の条例制定権について憲法九四条は法律の範囲内でのみこれを認めており、このことからすれば法律の範囲を逸脱する違法な条例は一般的に無効であると考えられる。条例が法律の範囲を逸脱するか否かの解釈基準はともかく（参照、徳島市公安条例事件最高裁大法廷判決昭和五〇年九月一〇日刑集二九巻八号四八九頁）、最高裁がある条例を違法であると判示した場合には、当該事件のみならず少なくとも将来にわたって一般的に当該条例は無効となるはずである。このように条例を違法とする最高裁判決がいわば一般的効力を有するのであれば、条例を違憲とする最高裁判決もまた一般的効力を持ちうると解されよう。

さらに、法律違憲とは異なり条例違憲の場合には、全国民のなかで当該自治体の住民だけが違憲の条例の適用にさらされ続けているという看過しえない不平等が存する。このような事態を是正するうえでも、条例違憲判決には一般的効力を認める理由がありそうである。

以上から、条例違憲判決の場合には一般的効力説を妨げる事情は法律違憲判決の場合よりもはるかに少なく、むしろ一般的効力を肯定すべき理由も見られることが知れた。

しかしながら他方で、個別的効力説自身の説得力は前述のように付随審査制との適合性にある。それゆえ、条例違憲判決であってもその事情は同じであって、やはりこの点での個別的効力説の優位はゆるがない。それゆえ、この点を重視すれば当該条例は当然には失効しないものと解される。

なお、個別的効力説をとると、前述のように国の場合には法律誠実執行義務（七三条一号）の故に違憲法律であっても内閣は執行せざるをえなかった（異論もある）。これに対して、自治体行政機関にはかような義務は定められておらず、議会とは別に行政の長である首長も住民の直接選挙で選出されることから（九三条二項）、首長以下の執行機関には違憲判決が下された条例を執行し続ける法的義務はないものと解することが出来るであろう。

また、法律委任説が条例違憲判決にどのようにあてはまるかについては、次のように考えることが出来よう。法律違憲判決のレベルでは、憲法が司法審査制度を定めながら法律違憲判決の効力という重要な点について法律に一任しているというのは奇妙であり、また違憲法律の効力を当の立法者が自由に規定しうるというのも適切でないことから、法律委任説には難点がある。

しかしながら条例違憲判決の場合には、条例が法律の範囲内とされていること（九四条）からも（それ故条例の効力も法律の範囲内となる）、憲法が違憲判決の効力を法律に委任していると解することが出来るように思われる。また、条例違憲判決の効力を条例制定権者でないところの国の立法者が規定するのであるから内容が恣意に流れるとも思われず、この点でも法律委任説に問題はない。

Ⅳ　検　討

法律違憲判決の効力としては、個別的効力説が通説である。同説に対して一般的効力説は、最高裁の憲法保障が全うできないと非難するのであるが、個別的効力説は要するに法律の違憲性の除去（憲法保障）は第一次的には廃止立法を行なうべき国会および国民の役割であると解するのである。そうであれば、条例の違憲性の除去について国会がA法のような立法によって違憲判決に一般的効力を付与することも、条例との関係で国会が憲法保障機能を発揮することを意味するに他ならないから許容されると解される。

また、条例はそもそも法律の範囲内でしか効力を有さない（九四条）。法律に反する条例は、その限りで一般的に効力を否定される。すなわち、地方議会による廃止手続を待つまでもなく、当然に無効と考えられる。このように条例の効力については九四条に当然無効の規定があり、同条の「法律」に憲法を含めて解すると、本問A法は当然の内容を定めたものということになり、当然に合憲といえる。あるいはまた、ややトリッキーな理屈であろうが、A法を条例の効力を画する一般法的な性格のものと考えることができれば、同法によって条例の効力を一般的に画することは九四条によってもともと認められていることとなる。更に、いうまでもなく、四一条に相当する致命的な障害は、条例について一般的効力説をとる場合には見当たらない。

いずれの説明をとるにせよ、A法は合憲である。

■ 参考文献 ■

芦部・憲法三四二頁以下、三五九頁以下
佐藤(幸)・憲法二八六頁以下、三七三頁以下

35 司法審査⑤

国会が適切な立法によって国民の権利を救済すべきであったのに、それをしなかったことによって具体的損害を蒙ったとして、立法不作為の違憲性を理由とする国家賠償請求訴訟が一国民により提起されたとせよ。立法不作為の違憲性が、ただちに国家賠償法上「公権力の違法な行使」（同法一条一項参照）であることになるのかという点を中心に、右訴訟で原告が勝訴するためにはどのような憲法論が必要であるか。

論点

1 在宅投票制判決
2 法令違憲判決と立法不作為違憲国賠判決との比較

I 問題の所在

国会の立法の合憲性を争う方法としては、まずもって司法審査が挙げられる。わが国の司法審査制度はいわゆる付随審査制とされているが、付随審査制とは、民事訴訟、行政訴訟、刑事訴訟などの具体的な事件・争訟を処理する裁判所が、適用対象となる法律が合憲有効であるか否かを審査し、違憲無効であると判断した場合には当該事件に当該法律を適用しない、という制度であるといえる。

このような司法審査制が、国民の人権などの権利の司法的救済にとって重要な役割を担っていることはいうまでもない。しかしながら司法審査は、右に見た付随審査制の特徴からわかるように、法律が現に存在する場合にしか機能しえないという限界を有している。

そこで、立法がなされるべきであるのになされず（立法不作為）、その結果、あるべき法律が存在しないという場合には、当該立法がなされていれば保護・実現されていたであろう国民の権利（人権を含む）は、司法審査によっては回復・救済されないことになるのである。このように、立法不作為には司法審査制の射程が構造的に及ばず、そのぶん国民の権利救済に「穴」が存在しているのである。

II　立法不作為の違憲性を理由とする国家賠償請求訴訟（違憲国賠訴訟）

右のような事態を打開するために、立法不作為の違憲性を理由として、当該立法がなされていれば生じなかったであろう損害の賠償を求める国家賠償請求訴訟（違憲国賠訴訟と呼ぶことがある）が用いられることがある。具体的な損害の回復を求めている以上、付随審査制の要件は満たしている（慰謝料請求の場合、抽象的審査制に近づく可能性もあるが）。しかしながら、当該訴訟においては、特定の法律の規範内容と憲法規範との整合性が問われるわけではなく、この点において通常の司法審査とは様相を異にする。存在する法律の規範内容の違憲性を問うことが出来ないので、代わりに合憲な法律が存在しないこと、つまり当該法律を国会が制定しなかったことの違憲性を問う訴訟として提起されているのである。

在宅投票制が廃止され復活されなかったことにより選挙権が事実上行使出来ず、精神的損害を蒙ったとして重度の身障者が提起した国家賠償請求訴訟は、違憲国賠訴訟の代表的な例である。同事件において最高裁判決（昭和六〇年一一月二一日民集三九巻七号一五一二頁）は、国会議員の立法行為（立法不作為を含む）が国家賠償法一条一項にいう公権力の違法な行使に該当するためには、「立法の内容が憲法の一義的な文言に違反しているにもかかわらず国会があえて当該立法を行うというごとき、容易に想定し難いような例外的な場合」である必要があり、それ以外の場合には国家賠償請求訴訟で原告国民が勝訴することは出来ないとした。同判決は、違憲国賠訴訟の「死刑判決」とでもいうべきものである。この判決にしたがうかぎり、立法不作為の違憲性を理由とする国家賠償請求訴訟（違憲国賠訴訟）はほとんど成功しないことになる。

III　在宅投票制度廃止事件最高裁判決の検討

そこで、本問に答えるためには、在宅投票制度廃止事件最高裁判決を検討することが必要となる。同判決がさきに引用したような結論を引き出すことが出来たのは、次のような論拠によってであった。いわく、国会議員は立法に関しては、原則として国民全体に対する関係で政治的責任を負うにとどまり、個別の国民の権利に対応した関係での法的義務を負うものではない、この理は議員の免責特権を定めた五一条にも表れている、と。

右判決の触れるところではないが、個々の国会議員が直接に個々の国民（あるいは有権者の一部）との関係で法的義務を負うものではないことは、通説である自由委任論の説くところである。自由委任論の対極をなすのが命令的委任論であるが、同論は、個々の国会議員は選挙区選挙民との間で選挙公約を契約同様の法的拘束力を持ったものとして締結しており、公約違反の議員活動に対しては、選挙区選挙民は委任契約解除としてのリコールをなし、あるいは損害賠償請求を行なうことが可能であるという。この命令的委任論に対して自由委任論の立場からは、命令的委任は免責特権という明文規定にも反し、また日本国憲法が個々の議員を「全国民の代表」(四三条一項)と規定していることからも日本国憲法は自由委任論を前提としており命令的委任論をとる余地はない、との批判が加えられている。右判決の内容は自由委任論にきわめて近いといえる。

それでは、自由委任論をとると必然的に右判決のような結論に至るのか。それは飛躍であろう。なぜなら、国家賠償請求は国会議員など直接個々の公務員を相手取るのではなく、国を相手として提起されることになっている(国賠法一条一項)。違憲国賠訴訟もまたしかりであり、本問もそのような場面を想定している。したがって、当該訴訟で国がどのような損害賠償責任を負うかは、個々の公務員(本問や在宅投票制度廃止事件の場合には国会議員)がどのような賠償責任を負うかとは、さしあたり別である。実際に国賠法一条二項は個々の公務員に対しては故意・重過失が認められる場合にのみ、国家賠償請求訴訟で国民に敗訴した国が求償権を行使することが出来ることとされている。そして、自由委任論や免責特権の存在からは、国の国会議員に対する求償権の行使が許されないという結論が導かれるだけのことである。それ以上に、そもそも国を相手取る国家賠償請求訴訟において、自由委任論や免責特権を持ち出すことによって国そのものの法的責任を免除することは許されない。さらに、右判決のロジックは、不法行為の種類、性格を問わず、包括的な国家賠償責任を肯定している一七条とも矛盾するように思われる。

Ⅳ 関釜訴訟判決と熊本ハンセン病訴訟判決

右在宅投票制度廃止事件最高裁判決に果敢に挑戦した下級審判決として、韓国人元従軍慰安婦らが精神的損害の賠償などを求めた、いわゆる関釜（かんぷ）訴訟の一審山口地裁下関支部判決（平成一〇年四月二七日判時一六四二号二四頁＝以下、「関釜訴訟判決」と呼ぶ）、およびハンセン病元患者が提訴した熊本ハンセン病訴訟熊本地裁判決（平成一三年五月一一日判時一七四八号三〇頁＝以下、「熊本ハンセン病訴訟判決」と呼ぶ）がある。

関釜訴訟一審判決は、右最高裁判決を批判して次のように述べた。

①「憲法上の根幹的価値に関わる人権侵害が現に個別の国民ないし個人に生じている場合に、その是正をはかるのは国会議員の憲法上の義務であり、同時に裁判所の憲法上固有の権限と義務でもあって、右人権侵害が作為による違憲立法によって生じたか、違憲の立法不作為によって生じたかによってこの理が変わるものではない」。

②「積極的違憲立法の是正については、当該法令のその事実への適用を拒否することによって簡明に果たされるのに対し、消極的違憲の立法不作為については、その違憲確認訴訟を認めることに種々の難点があることから、国家賠償法による賠償を認めることがほとんど唯一の救済方法になるともいえるのであって、その意味では、むしろ、立法不作為にこそ違法と認める余地を広げる必要もある」。

③ただし、「国会が立法の必要性を十分認識し、立法可能であったにもかかわらず、一定の合理的期

間を経過してもなおこれを放置したなどの状況的条件」が備わっていることが必要である。

右の①は、先の在宅投票制度廃止事件判決が違憲国賠訴訟で請求が認められる場合として挙げていた、「憲法の一義的な文言に違反する場合」というきわめて狭い要件を修正し、「憲法上の根幹的価値に関わる人権侵害」という結果の重大性の要件に置き換えるものである。右最高裁判決の要件であれば、たとえば下級裁判所の裁判官の報酬を在任中減額することができないとする八〇条二項のような些末な規定しか、違憲国賠訴訟では援用出来ないことになろう。そもそも憲法上の重要な規定は、いずれも一定の価値の表現として文言上の曖昧さという性格を宿命的に伴っている。にもかかわらず司法審査という制度は、まさにそのような基本的な価値を擁護するために、裁判所に対して曖昧な憲法規定の解釈権限を認め、さらには当該憲法解釈から見て憲法と整合しない法律の適用を排除する権限を認めているのである。法律が存在する場合には、このように憲法の基本価値を守るための司法審査権の行使が可能であるのに、立法不作為でそもそも法律が存在しない場合には、一転して憲法上の明確だが些末な条文しか立法者の作為義務規範とならないというのでは、あまりにも不均衡といえる。関釜訴訟の一審判決①は、正当にもこの点を指摘しているのである。

また②は、立法行為がなされていれば違憲国賠訴訟をあえて認めるまでもなく当該法律の内容的違憲性を具体的事件のなかで争えばよいが、立法不作為の場合には違憲国賠訴訟しか実効的な救済方法がない、ということを言っているのである。

③は、議員定数不均衡訴訟でも見られるように、立法不作為の場合に作為義務の発生と同時に不作為が違憲となるのではなく、一定の猶予期間を認めるというものである。

関釜訴訟一審地裁判決は二審広島高裁判決（平成一三年三月二九日判時一七五九巻三〇頁）によって完全に覆えされ最高裁判決（平成一五年三月二五日判例集未登載）も二審高裁判決を支持したが、一審地裁判決の理論的問題提起は意義深いものであった。

熊本ハンセン病訴訟地裁判決（確定）は、関釜訴訟一審地裁判決と異なり、次のようにスマートに在宅投票制度廃止事件最高裁判決の射程をかわしている。

①選挙権の平等の事案であった右最高裁判決とは事案を異にし、ハンセン病訴訟判決では少数者の権利救済のために司法の積極的関与が必要である。

②最高裁判決の「憲法の一義的文言に反する」という部分は例示であり、そのような場合に限定する趣旨ではない。

熊本ハンセン病訴訟判決は、少数者保護という司法の任務を果たすためには、最高裁判決の字義どおりの要件論では狭すぎると考え、巧妙に右最高裁判決の読み換えを行なったものであるといいうる。

V　検　討

本問の違憲国賠訴訟でも、右最高裁判決で見たのと同様の論点が問題となる。すなわち、このような違憲国賠訴訟はひっきょう命令的委任論を前提として初めて可能となるのではないか、という問題である。しかしながら、前述のように自由委任論の下でも国の国民に対する損害賠償責任を認めることには何ら妨げはないのである（国会議員に対する求償権行使が阻止されるだけである）。

のみならず関釜裁判一審判決もいうように、とりわけ立法不作為の場合には違憲国賠訴訟しか救済方法がないといえる。人権その他の国民の権利が、三二条の裁判を受ける権利によって実効的に救済されるうえで、立法行為がある場合の司法審査による救済と比べて立法不作為の場合には右最高裁判決の掲げる要件ではあまりにも救済の余地が狭められているのである。

それゆえ本問の検討としては、右最高裁判決がきわめて狭い要件を掲げていることに触れつつ、(イ)自由委任論と違憲国賠訴訟は矛盾しない、(ロ)立法不作為の場合には違憲国賠訴訟しか実効的救済方法がない、という二点から、判例の要件を批判し、違憲国賠訴訟の余地を拡大するという方向が一つの考え方であるといえる。(ハ)さらに「憲法の一義的文言」を緩やかに解するという、判例の読み換えを行なうことで、判例の呪縛をふりほどくことが可能となろう。

なお、立法不作為が違憲であるという憲法解釈は、存在する法律の立法内容が違憲であるという憲法解釈に比べて、まだしも「一義性」があるといえるように思われる。なぜなら、たとえば一四条が問題とされた在宅投票制の事案を例にとると、国会としては平等を回復する方法はいろいろありうるが、何もしないという選択はどのみち許されない。平等を回復するための立法としてA、B、Cがありうるとすれば、そのどれを選ぶかは立法裁量に属し、したがって立法者がどれを選んでもその限りでは一義的に違憲とはならない（どれがより「憲法の精神」に近いか、といった差がありうるにすぎない）。これに対して、立法不作為というのは、右のA、B、Cのどの選択もせず、その意味でどれかを選択すべしという憲法上の要請を満たしていないのである。この「どれかを選択すべし」という憲法上の命題は、それ自体一義性が高いということが出来るのである。こうしてみると、右在宅投票制度廃止事件最高裁判決は、「憲法の一義的な文言」という点でいずれにせよ狭すぎるが、重度身障者の選挙権行使を実行可能ならしめるための何らかの特別措置を設けなければならないという「憲法の一義的な要請」といった意味に、当該要件を理解することが出来れば、立法不作為の場合の救済の範囲を確保しうるようにも思われる。もちろん熊本ハンセン病訴訟判決のような読み換えによっても、同じ目的を達成することは出来る。

参考文献

棟居・憲法講義案Ⅰ一八三頁以下
同・憲法学の発想1六八頁以下、八一頁以下

36 地方自治

国の統治機構においては、国会が「唯一の立法機関」（四一条）であるとされるが、地方議会についてはそのような位置付けはない。現行地方自治法七四条は、有権者の五〇分の一以上の連署による条例制定請求に対して、地方議会の議事に付するべきこと（議会は否決してもよい）を定めているが、同法同条を一部改正し、「有権者の五〇分の一以上の連署による条例制定請求に対しては首長が住民投票に付し、過半数の賛成によって条例が成立する」という住民投票制度を設けることは合憲か。

論点

1　国と地方の統治構造
2　国民主権と住民自治

I　問題の所在

地方自治について、憲法は九三条二項で長の直接選挙権を住民に保障している。この長の直接選挙権、および「住民」という概念が地域社会を構成する居住者一般と解されうることをあわせると、地方レベルでは国レベルよりも、より直接民主主義的な（プープル主権的な）建前がとられていると見る余地が出てくる。それでは本問の住民投票制度は、憲法上の地方自治の本旨に適合的か。

II 国と地方の統治構造

九二条以下が保障する地方自治には、住民自治と団体自治との二側面があるとされる。このうち住民自治とは、住民が自己統治を行なうという政治学的意味で地方自治を言い表わしたものである。すなわち、住民自治とは地方レベルでの民主主義的政治システムのことであり、「地方自治の本旨」には、当然ながら地方で民主主義的政治システムが確保されることが含まれる。

それでは、国と地方とで、憲法が要請する民主主義の性質は同一のものであろうか。規定上の相違として、国政選挙で国民は国会議員を選出出来るのみであるのに対し（四三条一項）、地方選挙で住民は議員のほか知事や市長を直接に選出することが出来る（九三条二項）。

この点の相違は直接には、立法府と行政府の関係について国が議院内閣制をとり、地方が大統領制に類似した仕組みをとっていることと関連している。すなわち、国においては内閣総理大臣が国会の議決により指名され（六七条一項）、内閣は国会に対して連帯して政治責任を負う（六六条三項）。また、内閣は衆議院により不信任の意思表示をされた場合（六九条）の他、広く解散権を行使しうるものとされている（七条解散）。

これに対して地方では、既にみたように首長も住民の直接選挙で選出され、その地位は議会の信任に依存していない。なお首長が議会による不信任の議決の場合には、辞職するか、もしくは議会を解散しうるとする地方自治法一七八条一項は、一見すると憲法六九条に類似するものの、解散に続く議会選挙によって首長が新たに選出されるわけではなく、その意味では首長の解散権は内閣の解散権よりも強力であるといえよう（ただし七条解散のような広い解散権の行使は地方の場合には認められない）。

しかしながら地方自治法はさらに、住民の「直接請求」として、①条例の制定改廃請求（同七四条）、②地方公共団体の事務の監査請求（同七五条）、③議会の解散請求（同七六条）、④議員、首長などの解職請求（同八〇条、八一条、八三条、八六条）という制度を定めている。このような住民による発案（イニシアティブ）や解職（リコール）の制度は、国レベルでは存在しない直接民主制的制度であるといえる。そこで、このような制度が憲法の保障する地方自治の本旨から必然的に導かれるものであるのか、また、どの程度までの直接民主制的制度であれば許容されるのかが問題となる。

III　国民主権と住民自治

そこでまず、憲法は国レベルで国民主権の名の下にいかなる民主制を想定しているのかを見てみよう。憲法前文は、「日本国民は、正当に選挙された国会における代表者を通じて行動」するものとし、四三条一項も「両議院は、全国民を代表する選挙された議員でこれを組織する」という。また、五一条は国会議員の免責特権を定め、選挙区民の代理人として契約（公約）に法的に拘束されるという事態を否定している。以上からは、憲法は代表民主制を採用し直接民主制には否定的であるように見える。

しかしながら一五条一項は公務員の選定罷免権すなわち選挙権は「国民固有の権利」であるとしてお

り、また四三条や五一条は、沿革上は「国民主権」を標榜しつつ実際にはブルジョアジーが形成する議会への権力の集中をはかったフランス革命直後の「ナシオン主権論」を引きずるものであるから限定的に読むべきであることなどが指摘されている（参照、杉原・後掲五九頁以下）。また、選挙権の拡大と政党政治の進行にともない、個々の議員は所属政党の支持者によって選出され、政党が示した公約に党議拘束を通じてしばられており、四三条や五一条は既に現実から乖離していることも指摘される（なお参照、野中ほか・憲法II五四頁以下〔高見勝利〕）。

そうであれば、民主主義の本質である治者と被治者の同一性に忠実な国民主権の理解としては、むしろ直接民主制的な「プープル主権」が考えられることになる。国民主権のナシオン主権的な理解に固執することは、現行の選挙制度や行政参加制度が十分に民主的に整備されていないことを「国民主権」の名において正当化するものでしかないといいうるからである。

右のように国レベルで民主主義のあり方に二つの見方の対立があるとすれば、地方での住民自治をいかに捉えるべきであろうか。

まず国につき代表民主制を強調するナシオン主権論に立つとしても、地方で直接民主制的統治構造をとりえないことにはならない。既にみたように、九三条二項は首長の住民による直接選挙を定めているが、これは単に行政府の立法府からの相対的独立という意味で大統領制的であるのみならず、直接請求制度にみられるような直接民主制的性格を憲法上も示唆するものといえる。つまり、国と地方とで憲法は異なる民主主義の理念を使い分けていることになるのである。

これに対して、国についても憲法上直接民主制が採用されていると仮に解すれば、地方での直接民主制は国のそれから当然に帰結される。すなわち、住民自治と国民主権は理念の内容において全く等しいことになる。

IV　検　討

それでは、本問住民投票制度は合憲であろうか。

憲法自身、ある一つの地方自治体のみに適用される地方特別法にあたっては、国会を「唯一の立法機関」（四一条）とすることに例外を認め、当該自治体の住民投票でその過半数の賛成を必要とするとしている（九五条）。自治体の意思表示を地方議会の議決でなくして住民投票によって行なわせている点で同条は注目される。憲法は地方特別法の場合に、住民投票という端的に直接民主制的な制度を要求しているのであるから、条例の場合に住民投票制度を設けることは、違憲とはいえないようにも見える。

しかしながら、地方特別法においてはあくまで国会が法律案を可決し、いわば住民に提案するイニシアティブを確保しているのであって、住民自身や首長の発案による住民投票とは出発点が異なる。それ故、地方特別法の住民投票制度からは地方レベルでの住民投票制度の可否についての答えは得られない。九六条の憲法改正の国民投票の規定があるからといって、国レベルで直接民主制をとったことにはならないのと同じことである。

本問の住民投票制度の可否は結局のところ、首長の直接選挙制度によって憲法が示唆している直接民主制の度合いがどの程度のものであるかにかかっている。議員を単に選挙民の意思を伝達するだけの伝声管とみるのであれば、いうまでもなく合憲となるが、議員と首長とをともに直接選挙によって選出する仕組みは両者がいずれも選挙民の伝声管であるなら無意味に帰すともいえる。

このように考えると、住民のイニシアティブによる住民投票までは憲法は想定していないことになろう。それでは首長の発案による住民投票はといえば、これは議会の条例制定権を奪うものであり、「議事機関として議会を設置する」とする九三条に反するという見方も出てこよう。

もっとも、「民主主義の学校」としての地方自治における住民自治の直接的実現を憲法は重視しているとするならば、右の住民投票制度もなお合憲の範囲内とみる余地はある。住民投票制度が導入されたとしても、議会は当該条例をいったん成立させたうえで、改廃することまで妨げられるわけではない(住民投票の結果成立した条例も通常の条例と法形式は異ならない)。また、首長の発案によって住民投票がなされた場合には、首長に不信任の議決をし解散か辞職かを迫ることも可能であることからすれば、本問の制度によっても地方議会の存在が無に帰するわけではないからである。

参考文献

芦部・憲法二六六頁以下、三三七頁
杉原泰雄『国民主権と国民代表制』(一九八三年、有斐閣)五九頁以下
同・『地方自治の憲法論』(二〇〇二年、勁草書房)二一四頁以下
野中ほか・憲法II五四頁以下
[高見勝利]、三五〇頁以下[中村睦男]

事項索引

〈た行〉

棟居 快行（むねすえ・としゆき）

1955年生まれ

北海道大学大学院法学研究科教授

〈主要著作〉

人権論の新構成（信山社，1992年）

憲法講義案Ｉ［理論演習１］〔第２版〕（信山社，1995年）

憲法講義案II［理論演習２］（信山社，1993年）

憲法フィールドノート〔第２版〕（日本評論社，1998年）

憲法学の発想Ｉ〈総論・統治機構〉（信山社，1998年）

憲法学再論（信山社，2002年）

基本的人権の事件簿〔第２版〕（共著）（有斐閣，2002年）

プロセス演習　憲法（共編著）（信山社，2004年）

憲法解釈演習　―人権・統治機構―

2004年６月10日　初版第１刷発行

著　者　棟　居　快　行

発行者　今　井　　貴
　　　　渡　辺　左　近

発行所　信　山　社　出　版

（113-0033）　東京都文京区本郷6-2-9-102

ＴＥＬ　03-3818-1019

ＦＡＸ　03-3818-0344

印刷・製本　東洋印刷株式会社

ISBN 4-7972-2277-8　C3332